ゴルフ 脱・感覚!! スイングの真実

QR動画付きで、正解とのズレがわかる

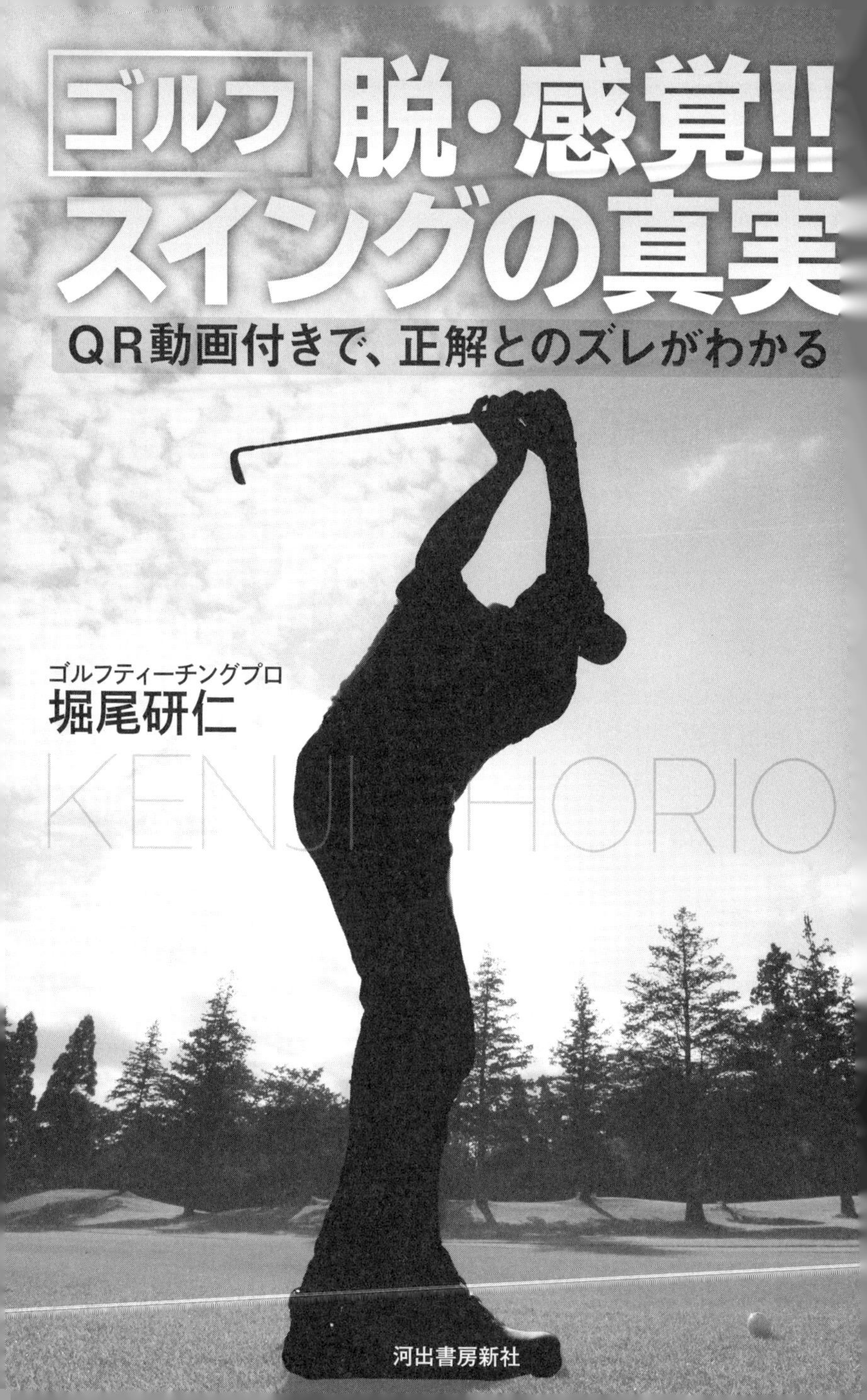

ゴルフティーチングプロ
堀尾研仁
KENJI HORIO

河出書房新社

QR動画の見方

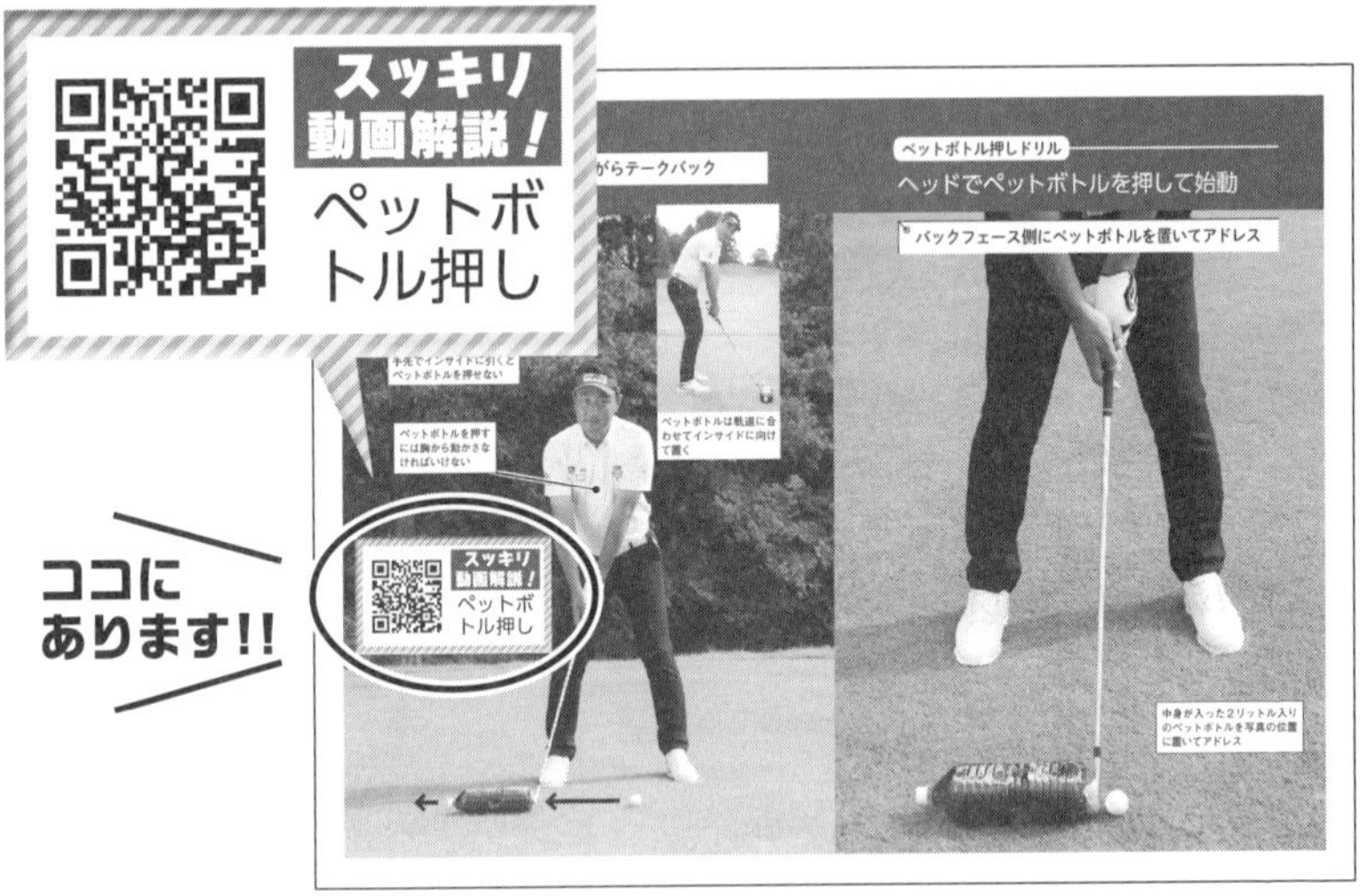

ココにあります!!

1 起　動 ＞ スマホやタブレットのカメラ、ＱＲコード読み取り用アプリを起動します。

2 読み取り ＞ ＱＲコードにスマホ、タブレットを近づけて、カメラ、アプリ画面に表示すると読み取れます。

3 表示をタップ ＞ WEB サイトの表示が出るのでタップすると「KEN HORIO GOLF ACADEMY」の動画サイトに移動します。

注 意

- 別途通信料がかかりますので、通信料がかからない Wi-Fi 環境でのご視聴をおすすめします。
- 動画を見る機種、ソフト、アプリによって操作方法等が異なる場合があります。操作方法等のご質問にはご対応できないことをご了承ください。

はじめに

みなさん、こんにちは。ゴルフティーチングプロの堀尾《ほりお》研仁《けんじ》です。
ティーチングの仕事をはじめて20年以上が過ぎました。この間、プロ、アマチュアを問わず、たくさんのゴルファーとの交流を続けさせていただいています。また、国内ではツアーの優勝シーン、海外ではメジャーへの参戦など多くの経験を積ませていただきました。まずはこの場を借りて御礼を述べさせていただきます。本当にありがとうございます！

さて、ゴルフは楽しいスポーツです。レベルが違うプレーヤー同士でもハンデを使えば同じ土俵で競えますし、年齢や体力的な差があればティイングエリアを選ぶことで、それを埋めることができます。

ところがアマチュアゴルファーのほとんどはゴルフを楽しめておらず、逆に苦しみにも似たストレスを感じながらプレーしています。

なぜそんなにストレスが溜まるのでしょうか？ 答えは簡単、**自分のスイングに何が起きているのかがわからない**からです。

いい感じで振れたのにボールがとんでもない方向に飛ぶ……、手応えがあったのに曲がる……。そうかと思えば明らかなミスショットがバーディチャンスについたりもする。

そんな自分の感覚と結果のギャップを埋めようと、フェースを被せたり、ボール位置を変えたり、スイングに手を加えたりしてみますがスッキリするのは一瞬だけ。多くの人は止まることなく悩み続け、ゴルフが嫌いになってしまう人も少なくありません。ゴルフに携わる者にとっては、とても悲しいことです。

かく言う私も、かつてはゴルフについて抱えきれないほどのストレスに晒《さら》されていました。1997年にティーチングの仕事につき、その5年後からはツアープロと個別に契約を結んで選手をサポートしていましたが、ストレス満載の毎日でした。

もちろんプロのスイングを見て調子の良し悪しを判断することはできました。しかし、すぐには受け入れてもらえない。私から見ればスイングに反故《ほご》が生じているのが明らかなのに、プレーヤーにその自覚がないからです。そこで動かしようのない証拠をプロに突きつけることができればよかったのですが、残念ながらエビデンスがない。それがストレスの主因でした。

はっきりいって、これまでは「そういわれてきたから」といっただけの理由でティーチングに取り入れられてきたことがすごくたくさんありました。それが間違いではないとしても、人によってはお門違いのアドバイスになることも大いにあるわけで、そういう意味では感覚的で、ある意味いい加減な指導もまかり通っていたと思います。

しかし、時代は変わりました。ゴルフサイエンスやテクノロジーの進化により、見えなかったものが可視化され、スイングの真実がつまびらかになりました。

これはティーチングにも大きな影響を及ぼし、感覚に頼らない「脱・感覚」の指導が可能になりました。自分のスイングと正解のスイングとのズレがわからず、モヤモヤした中でボールを打っていた人も、どうすればいいかがハッキリわかるようになったのです。

もちろんパーフェクトに解明されているわけではありませんが、100%に近づいていることは事実。私自身、目の前に次々と提示されるスイングデータを見て「自分は何をやってきたんだ……」と愕然とすることもありました。しかし、いかに正確にスイングを評価するかは指導の大前提ですから、とても大きな助けになります。

私が強く実感している、間違っていたこと、わかっていなかったところを包み隠さずゴルファーに伝え、日本のゴルフ界の共通認識を変えていくことが必要だと思い、この本を上梓しました。ここにきて、やっと書物としてみなさんに提示できるエビデンスを得ることができたわけで、お読みいただければスイングに対する正しい知識が得られ、ボールを打つことが楽しくなるでしょう。

本書ではスイング解析システム『GEARS《ギアーズ》』のデータをもとにスイングの全貌を明かしていますが、ポイントはアドレスからインパクトまで。しかも手を含めた腕と体の動きに集約されます。これを4つのエリアで考え、ドリル的な練習で身につける構成をとりました。QRコードからオリジナル動画にもアクセスできますのでお役立てください。

これによりスイングはエビデンスに基づく普遍的なものになり、ストレスに苛まれることなくゴルフを楽しめるようになります。

堀尾研仁

ゴルフ

脱・感覚!! スイングの真実 目次

QR動画付きで、正解とのズレがわかる

第2章

これだけ覚えればスコアが作れる「腕の使い方」

第7章 「手と腕」と「体」の調和マスター法

序　章

空想のレッスンから確信のレッスンへ

プロコーチとしてやってきたこと いまやっていること

その昔、ゴルフのレッスンは、一から十まで人から人へと口承するスタイルでした。プロがスイングを見て、「あなたはこうなっているから、こうしたほうがいい」と指摘したことを実践する。教わる側の理解度はほぼゼロで、本当にそれでいいのかわからないことをひたすらやり続けるしかない。頼みの綱は先生と生徒の信頼関係だけで、その指導方法が間違っていないという保証もありません。先生のいうことがわからなくても、「有名な人だから、その通りにすればいいだろう」という感じだった人も多かったでしょう。

しかし、ハンディタイプのビデオがレッスンに用いられるようになると、それが大きく様変わりました。

撮影したスイング動画をその場で再生、自分の動きを客観的に見られるようになり「いまのあなたはこうなっています。だからこうしたほうがいい」という流れができました。どこをどうすればいいかが具体的に伝わりやすくなったのです。教わる側からしても、言葉だけだったものが映像を見ながら、ある程度論理的に説明されるので、手探り感はかなり緩和されたと思います。

ただ、わかりやすくなったとはいえ、私の中ではずっと疑心暗鬼なところがありました。

どこがどうなっているか見えても、細部までわかるかといえばそうではなく、少なからず想像に任せてレッスンしていた部分があったのです。おそらく教えられる側にとっても同じで、たとえば先生がいうようにはとても見えないことがあっても率直に質問できなかったり、先生と自分の思いがかけ離れ、納得しきれずにボールを打っていた人もおられたはずです。

デジタルデータとしてスイングを見る

いま、私はレッスンに『GEARS』というスイング解析システムを導入し、デジタルデータとしてスイングを見るようにしていますが、断然レッスンがやりやすくなりました。

それまでだと「こうなっているからこうしましょう」とアドバイスしても、「私はそんなことやっていません！」と反論いただくことがありましたが、「データをとる」→「見せる」→「説明する」と段階を追うことで、正確にスイングを確認、評価したうえでレッスンに取り組めるようになったからです。

データとしてスイングを見ていただくと「本当にそうですか？」と疑う人はいません。

そこにあるのは厳然たる事実なので認めるしかない。しかも、数値を伴って正確に提示されますから「見た感じがこうだから」という曖昧な判断にならないのです。

信頼関係がないとレッスンが進まない時代から、極端な話、そのプロセスを踏まなくてもスイングの習得に向けて互いに気持ちよくスタートが切れるようになりました。

手探りの空想レッスンから事実にもとづく確信レッスンへ

ゴルフはインパクトがすべてです。クラブフェースがどうボールに衝突し、ボールがどのような回転で飛んでいくかがスコアを左右します。

ここでしばし、私がトーナメントプロをコーチしていた時代に、プロとやってきたことについて話します。

いうまでもなく、プロはしっかりボールを打てる人たちです。たくさん練習して身についた鋭い感覚もあるので、なんだかんだいってもボールにうまく合わせて打てます。

それゆえツアープロとして戦えるともいえるのですが、そんな人でも突如として当たらなくなることがあります。ショットイップスになるなど普通では考えられませんが、優勝経験のあるトッププロでさえ、ドライバーがどこに飛ぶかわからなくなるのです。

そこで何が起きているのか？　もちろんプロのことですから、いきなり体が回らなくなることはなく、腕まで含めた手の使い方がおかしくなることもありません。

起こるのはもっぱら、体の回転と手を振るタイミングがズレたり、両者の関係性が崩れて適正にインパクトできなくなる。機械でいうなら、たった一個の歯車が噛み合っていないような状態です。ボールに合わせるのがうまいプロでも感覚がズレることは絶対にあって、自分ではなかなか気づけません。

プロの感覚に頼って修正していたプロコーチ時代

そうなる原因は、ボールの位置やグリップの握り方、手の位置、クラブを替えるなど、些細《ささい》なことがほとんどです。

フェースの向きは、わずか5度変わっただけで真っすぐ飛ばなくなります。「あれ？」と思ってクラブを替える、あるいはつかまらない人がつかまるシャフトに交換するとスイングが変わってたちまち悪くなる。といった具合に、別の原因で生じた細かいズレが、気づかないうちに複雑に絡み合ってわけがわからなくなるのです。ただ、そのような対策し

ビデオでスイングチェックしていた頃は、もっぱら体の回転と手を振るタイミングのズレを見ていた

どう振ったらどう当たり、どう飛ぶかを明確にした“ボールデータゴルフ”

インパクトの瞬間のフェースの向きが見えるようになりデータも得られるようになったことで、どこをどうすれば最高のインパクトになるかが明確になった

かとれない時代でもあったのですが……。

ともあれ、私がプロと一緒にやったのは、体と手の関係を整え、両者がタイミングよく連動し、いい状態でインパクトを迎えられるようにすること。その障害になっている悪い部分を見つけて修正することでした。

しかし相手は人間です。プライドも高い人たちですから簡単には受け入れてくれません。調子が悪くなりそうな選手に「いまこうなっているからこうしたほうがいい」とアドバイスしても大抵は否定されます。そのまま放置して2~3試合予選落ちが続くとやっと耳を傾けてくれるのですが、その間、度重なる精神的な葛藤があり、大前提として高いコミュニケーション能力も必要でした。

当時やったことといえば、トップやダウンスイングを直して、いい位置でインパクトできるように近づけていくこと。大きなズレを中くらいに（といってもわずかな違いですが）できればプロは合わせて打てますから、なんとかそこまでもっていく。ある意味、プロの感覚に頼った修正でした。

“ボールデータゴルフ”がアメリカの進化を演出

あの時代といまとで決定的に違うのは、インパクトの瞬間のフェースの向きが見えるようになり、数値で示せるようになったことです。

10年ほど前からボールデータ等の弾道測定数値が採取できるようになり、ボールに対してどうフェースが当たっているかがわかるようになりましたが、いまやその先に行き、スイング中のフェースの向きとクラブの位置はもちろんのこと、スイング中の体と手の位置関係やバランスまでがわかります。

それに伴い、大きなズレを感性で合わせられる程度までなんとなく戻していたのが、どこをどうすれば最高のインパクトになるかが明確になった。お互いの理解のもと、より具体化された形で、悪い部分を認識することとそれに対する処方を共有できるようになったのです。

もし、いまのようにスイングをデータ化できていたら、かつて契約していたプロたちがスランプに陥ることはなかったと思います。調子の波もずっと小さくできた。優勝できる選手は1シーズンに複数回勝ち、シード落ちする選手も出なかったでしょう。特に後者は調子の波が激しいので……。

加えて、「こうなっている」「いや違う」と押し問答していた余計な時間もなかったはず。稼げる選手はもっと稼げて、もっといいゴルフができたに違いありません。

アメリカでは早いうちからこの環境変革が進んでいました。当地のゴルフが急激にすごいことになっているのはそのせいです。タイガー・ウッズを追いかけ始めた頃から飛躍的に進化し、いまPGAツアーで売り出し中の若い選手たちは、ジュニア時代からどう振ったらどう当たり、どう飛ぶかという〝ボールデータゴルフ〟をやっています。パーソナルなデータも蓄積して細かく分析していますから、スイングにズレが生じればすぐにわかる。強いプレーヤーが安定して強く、次から次へと若手選手が台頭してくる背景にはこんな事情があるのです。

『GEARS』の導入でスイングの全貌がわかった

教わる側と教える側、相互理解のもとでスイングの問題部分と、それに対する処方が共有できるようになった

ダウンスイング時のストレスが正しいインパクトへのキーポイント

インパクトでフェースが開く、スイングがカット軌道になるなど、スイング中に何がどうなっているかがわかれば、あとは直し方を学んで努力するだけ。病気なのに原因が特定できず、どんな薬を飲めばいいのかわからないような、かつて味わった苦しみからは解放されます。

いずれにしても向かっていくべき方向は**正しくインパクトすること**です。

これはプロもアマチュアも一緒で、インパクトの瞬間さえよければボールは真っすぐに飛び出します。

いいインパクトにおける最大のキーポイントはダウンスイングです。

プロに聞くと、いいときはダウンスイングの前半くらいでわかり、このタイミングで「当たる！」と確信できるそうです。また、悪いときにはこの感覚が得られず、ダウンスイングの途中でアジャストする動作が入るともいいます。

そこで私はダウンスイングを前半と後半の2つに分けて考えることにしました。前半は滅茶苦茶でも後半でうまく調整すれば、いいインパクトに近づける。もちろんプロがいうように、ダウンスイングの前半からいいのが理想ですが。

いいインパクトを迎えるための キーポイントはダウンスイング

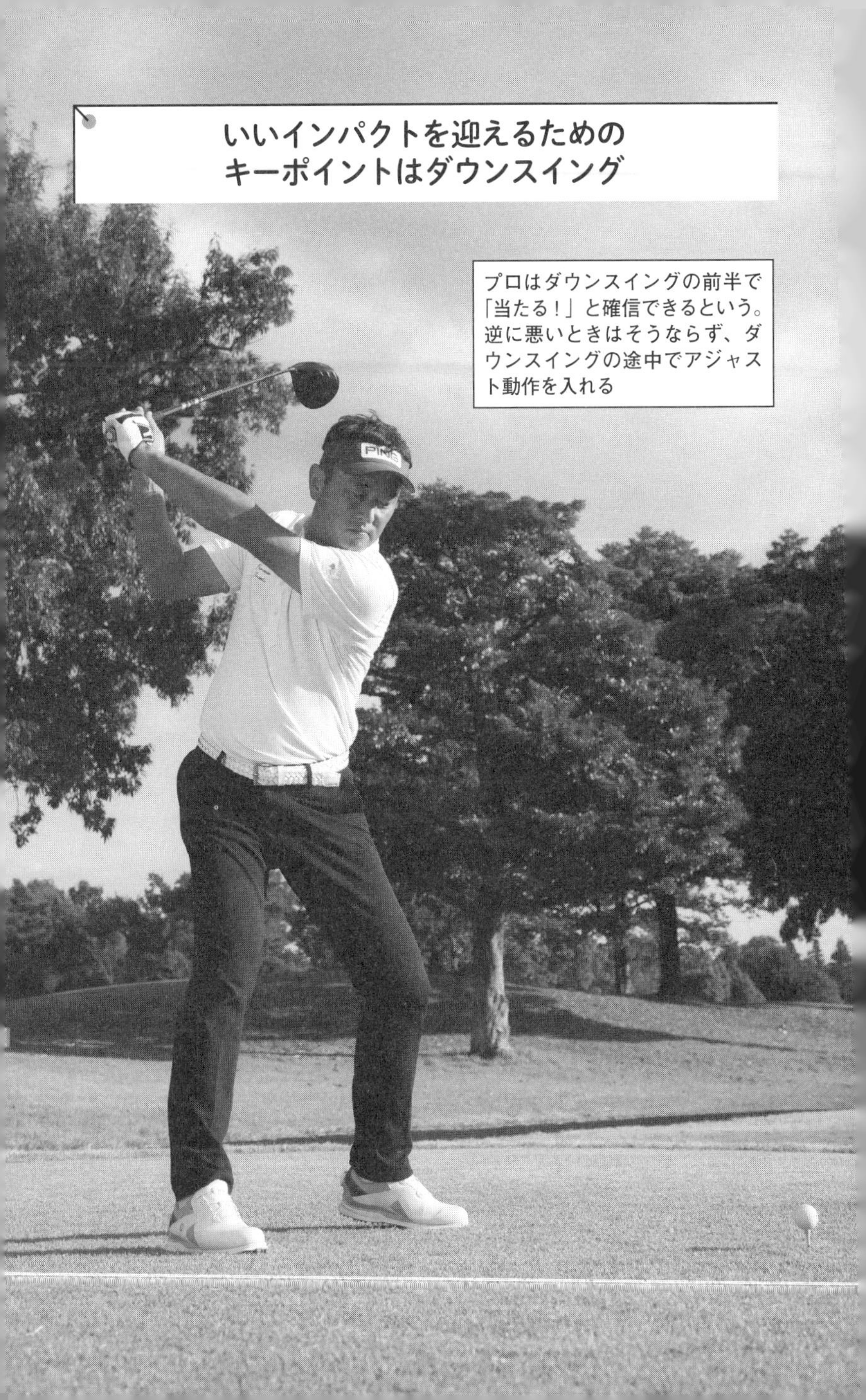

プロはダウンスイングの前半で「当たる！」と確信できるという。逆に悪いときはそうならず、ダウンスイングの途中でアジャスト動作を入れる

ダウンスイングの前半がうまくいけば修正は不要

この観点から『GEARS』でダウンスイングのデータを分析したところ、それがあからさまにわかりました。

クラブシャフトが地面と平行になるハーフウェーダウンで、フェースがスクエアポジション（下向きから10度くらいの間）にあるゴルファーは、体の回転に伴う形でオートマチックに腕のターンが入り、スクエアにインパクトできていたのです。

これに対しハーフウェーダウンでフェースが開いている人は、手を返す感覚で腕を捻《ねじ》らないとフェースは真っすぐに戻りません。一方、フェースが閉じている人は、手も腕も捻らないようにしないとフェースが真っすぐにならません。

つまり、**ダウンスイングの前半がうまくいけば、体を回すだけでスクエアインパクトになり、うまくいかなかった人は後半で何かをしないとスクエアに当たらないのです。**

この検証結果はプロがいう「スイングでは手を使わない」というフレーズに直結します。ダウンスイングの前半がうまくいけば後半の軌道修正は不要。「手を使わない」とはこういうことで、物理的には使っていますがその実感がないのです。

さらにこれは、スイングにおけるストレスはどこで感じているか？　ということにもつながってきます。

ストレスについては、動きの中で感じられる人と感じられない人がいますが、感じる人はおおむねダウンスイングの前半で感じています。そのため後半でアジャストする。松山《まつやま》英樹《ひでき》プロが、時折ショットで手を離す動作を入れるのもこの類です。

ダウンスイングの前半でストレスを感じない人は、すごくうまいかノーカンか。いい方を換えると、ダウンスイングの前半で恒常的にストレスを感じずに動けるようになれば、何かあったときにストレスを感じるということなので、そうなることがひとつの目標になります。インパクトの瞬間にストレスを感じる人がいるかもしれませんが、どの道手遅れです。

ハーフウェーダウンのフェースの向きがポイント

『GEARS』のデータによれば、ハーフウェーダウンでフェースが下向きから10度くらいの間にあれば、体の回転に伴って腕のターンが入り、スクエアにインパクトできる

インパクトから遡《さかのぼ》って効率よくスイングを整える

前項で説明したようなことが次々とわかるようになり、教わる側も教える側もレッスンに対するストレスが軽減されています。

簡単にいうと、修正すべきところがピンポイントでわかる。アマチュアゴルファーの場合、ポイントがひとつに絞れないケースが多いですが、**基本的にはインパクトから遡っていくことで効率よくスイングを整えることができます。**

もっとも、インパクトに注目すること自体は、私がツアーでコーチングをしている時代から変わっていません。

インパクトが思わしくなければ、ダウンスイングの後半からクラブがどう入ってくるかを見る。そこでわからなければダウンスイングの前半をチェックし、さらに切り返しがどうなっているかを観察する。これがオーソドックスなレッスンの手順です。プレーヤーによってはバックスイングやテークバックまで遡りますが、そこまでくると大抵はセットアップのズレが影響しています。

体と手の動きを正確に知ることからスタート

ただし、スイング動作に限っていえば、整

手先が主導になった、いわゆる“手打ち”になるとボールをすくい上げるようなインパクトになる

ダウンスイングで手首のリリースが早くなるのもよくある形だが、そこだけいじっても直らない

えるところは体と手（腕を含む）の2つしかないので、まずそれぞれの動きを正確に知ることが大切です。

前述したように、プロは両者が正確に使える人たちですが、それでもコンビネーションがズレるとコントロールがきかなくなります。それぞれの使い方を理解したうえで、初心者や中級者は体の動きと手の動きを正す必要がありますし、上級者はコンビネーションを整えることが不可欠です。

ゴルフは飛距離と方向性のゲームです。どちらを重視するかで、ある程度スイングは変わってきます。

アマチュアゴルファーの多くは思ったように飛ばないので飛ばしたい。そのためスピードアップしてスイングしますが、そうするほど体が起き上がったり、オーバーアクションになって全てがバラバラになります。

一方、方向性を重視してボールに当てようとすると、動くべきところが動かなくなります。典型的な例が悪い意味での手打ちで、こちらもスイングのバランスが崩れます。

次章から、腕の動き、体の動き、そして両者のコンビネーションの順にスポットを当て、スイングが整わない理由、そして整えるための具体的な方法を紹介していきましょう。

第1章

「ボールは体でつかまえる」のレトリック

クラブを正しく動かすには手や腕を使うことが必須

ゴルフスイングはクラブでボールを打つために行う動作です。クラブフェースがボールに衝突するインパクトがボールを飛ばす原動力になりますから、クラブをどう扱うかがとても重要です。

また、クラブを扱うのはプレーヤーですから、正しく扱うには体の動かし方も大事なポイントになりますが、クラブの挙動に直接的な影響を及ぼすのは手や腕の動きです。

ちなみに、この章で使う「手」という表現は、手先だけでなく、腕を含めた肩から先の部分と考えてください。

さて、私の同業者で仲の良い友人でもある中井《なかい》学《がく》プロはいいます。「体をうまく使えばボールがつかまる」と。「ボールは体でつかまえるもの。手を使うとボールがつかまる要素がダブルになるから、体と手の両方でつかまえるとつかまりすぎちゃう」と続けます。

まったくもって正しいですが、プロゴルファーだからこその言葉であるともいえます。なぜなら、これはボールがつかまることが前提になっている、うまい人ならではの発想に基づいているからです。

26ページで述べたように、切り返しからダウンスイングの前半で、体のどこかに余計なストレスがかからなければ、ダウンスイングの後半からインパクトで、オートマチックに手がターンしてスクエアインパクトに向かえます。中井プロはまさにこうなっているので手を使わなくてもいい。というより、手のことを考える必要がありません。

手が動かないとクラブからボールに力が伝わらない

しかし、ボールがつかまらない、あるいはつかまりすぎてヒッカケるアマチュアの方は、簡単には頷《うなず》けないでしょう。もちろん理想は中井プロのようになることですが、アマチュアの方の多くは「手を使わない」を文字通り実践してボールがつかまらずに悩んでいるからです。

手を使わずにスイングするとパッティングのような動きになります。両手首から先を固定し、肩から先を振り子のように左右に動かすわけです。

これだと大きく振るには限度があります。ヘッドスピードも上がらないのでボールが飛びません。パットやアプローチならありですが、大きくクラブを振り、ヘッドスピードを上げるショットには向きません。スイングでは手を使い、腕を振らないわけにはいかないのです。

ただし、手の使い方はクラブアクションに直結しますから、悪い使い方をすると打球は真っすぐ飛びません。手を使うことが悪のようにいわれてきたのはこのせいですが、だからといって使わなければうまくいくわけでもない。**クラブにつながっているのは手であり腕ですから、クラブを正しく動かすにはまず**

手を使わずにスイングすると、両手首から先を固定し肩から先を振り子のように左右に動かす。ボールには当たるが飛ばない

クラブに直接つながるのは手であり腕。正しく動かすにはこの部分の動きを覚えなければならない

この部分の動きを覚えなければなりません。たとえ体がうまく動いても、手が動かないとクラブからボールへと力が伝わりません。これが手を使わねばならない最大の理由です。ですから、「体を使って手は使わない」を実践している方は即刻やめるべき。**「体も手も使う」が正解です。**

手の使い方がわかれば普通にラウンドできる

体はスイングにおける中心軸でありパワーの源です。ゴルファーはエンジンを2つ積んだロケットのようなもので、ベーシックな推進力を生み出すのが体であり、ボールを打つタイミングでブースター（増幅器）の役目をするのが手です。

体はとても重要ですが、まず習得すべきは手の動かし方だと私は考えます。理由はそのほうがゴルフを楽しめるからです。

私は両足を揃えて立ち、手だけを振るドライバーショットで200ヤード飛ばせます。仮に350ヤードのパー4なら、ティショットで200ヤード飛ばせば、2打目は6~7番アイアンで同様に振ればグリーン周りに届く距離ですから、十分ゴルフになります。

野球はキャッチボールから入り、手の使い方を身につけてから遠投に移ります。キャッチボールはゴルフでいうところのアプローチショット。遠投はフルショットです。つまり、まずは手の動きが大事ということ。手を振らずに体だけ使っても速い球は投げられないしコントロールもつきません。

ゴルフでもまず求められるのはコントロー

ルですから、手を使い、その感覚を生かすことが不可欠。あのタイガー・ウッズも、〝ゴルフで必要なのは手の感覚〟という趣旨の発言をしているように、手を使わないことにはゴルフスイングにならないのです。

ボールがつかまらない、あるいは打球が左右に散ったりシャンクやトップするのは、手が正しく使えていないから。これだとストレスは溜まる一方です。

キャリアの浅いアマチュアの方でも、手さえうまく使えれば飛ばなくても真っすぐには打てます。とりあえずスコアは作れますから、大きなストレスを感じずにプレーできると思います。飛距離はあとから伸ばせばいい。**先に手の動きを覚えることが、結果的に上達を早めることになります。**

手を振るだけでもドライバーで２００ヤードは飛ぶ

野球ではキャッチボールで手の使い方を身につけてから遠投に移る。ゴルフでも手の使い方を覚えればドライバーで 200 ヤード飛ばせる。ラウンドを楽しみながらスイングを構築できる

正しいインパクトのための4つの要素とそれを満たす条件

手を使って振るのは、いうまでもなく正しくインパクトするためですが、ここで何をもって正しいインパクトというかを明確にしておきましょう。百も承知という方は読み飛ばしていただいて結構です。

正しいインパクトに必要な要素は以下の4つです。

1 フェースの向き
2 ヘッドの軌道
3 アタックアングル（ヘッドの入射角）
4 インパクトロフト（インパクト時のロフト角）

1についてはスクエアが目標です。ボールと目標を結ぶターゲットラインに対し、リーディングエッジが直角に交わったタイミングでボールをとらえると、スクエアインパクトになります。逆にいかなる軌道でヘッドが動いてもインパクトでフェースが右を向けば右へ、左を向けば左へ打球が飛び出します（左ページ参照）。

2では、真っすぐに近い軌道上でインパクトすることが基本です。スイング中、クラブヘッドは円軌道を描きます。仮に体の真ん中にあるボールに対してヘッドが正しく円軌道を描くとインサイド・イン軌道の頂点付近で

1　フェースの向き

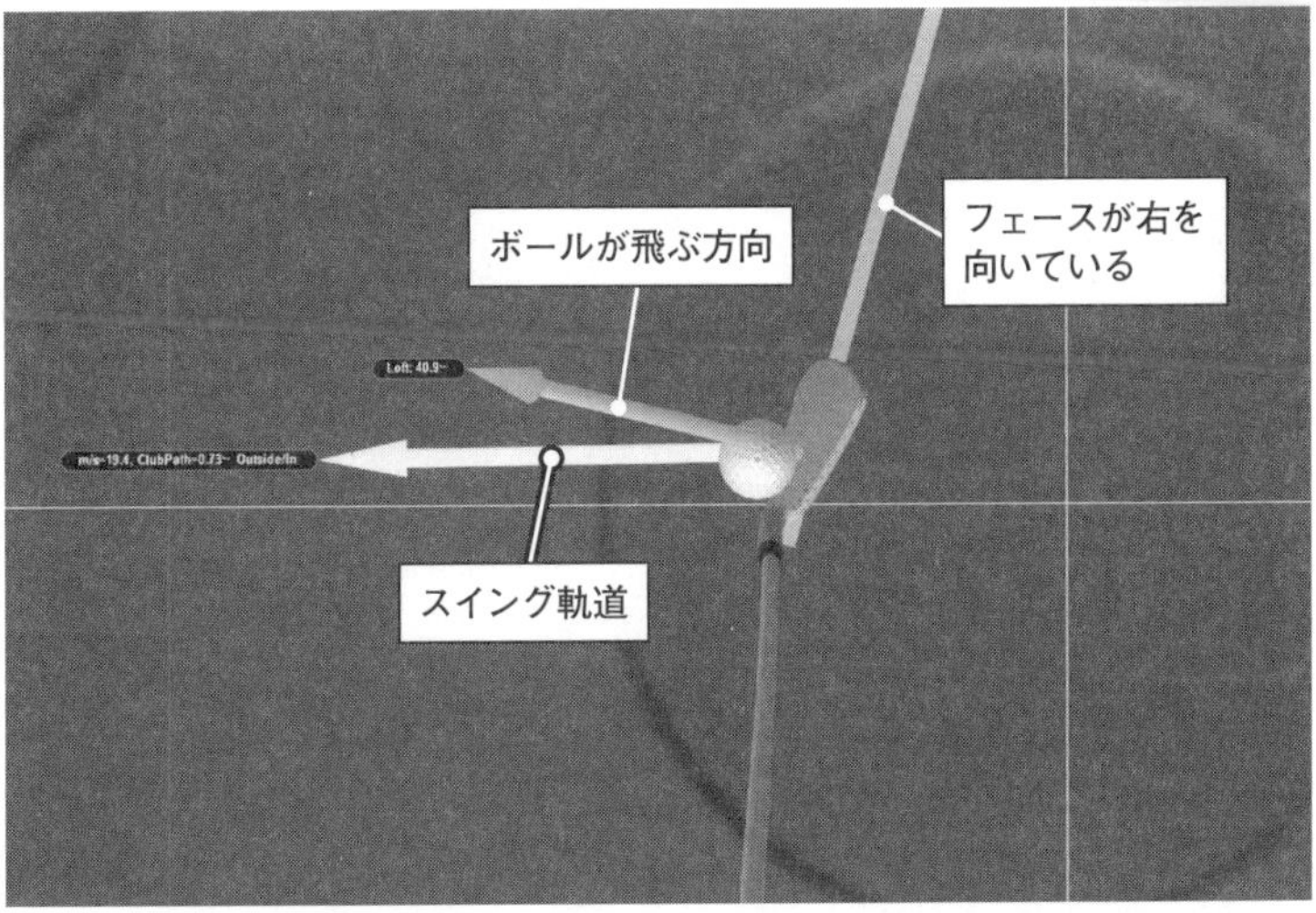

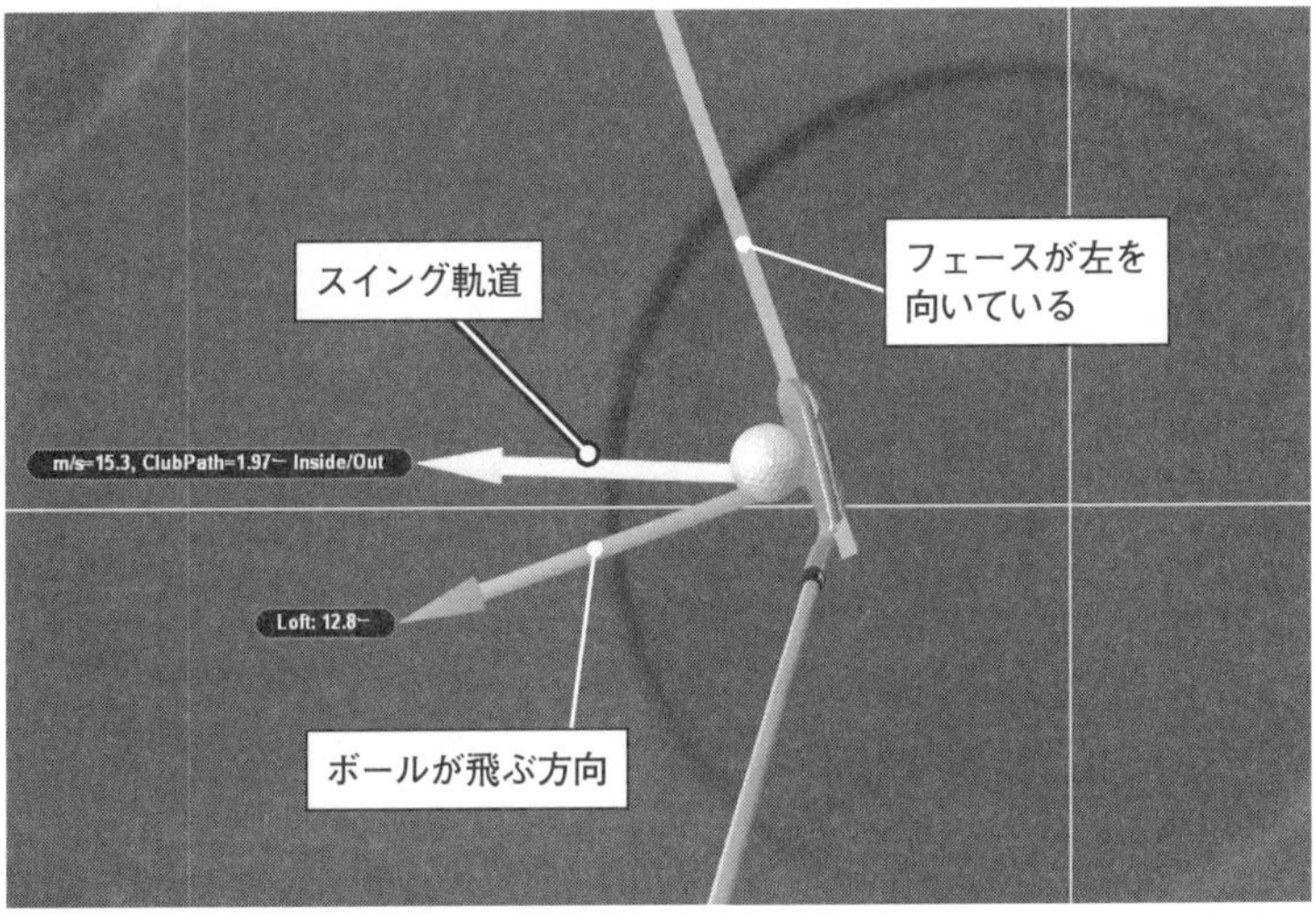

スクエアフェースでインパクトするのが基本。インパクト時のフェースの向きによってボールの打ち出し方向が決まるので、スイング軌道が真っすぐに近くてもフェースが右を向いていれば右、左を向いていれば左へ飛び出す

2　ヘッドの軌道

できるだけ真っすぐに近い軌道上でインパクトしたい

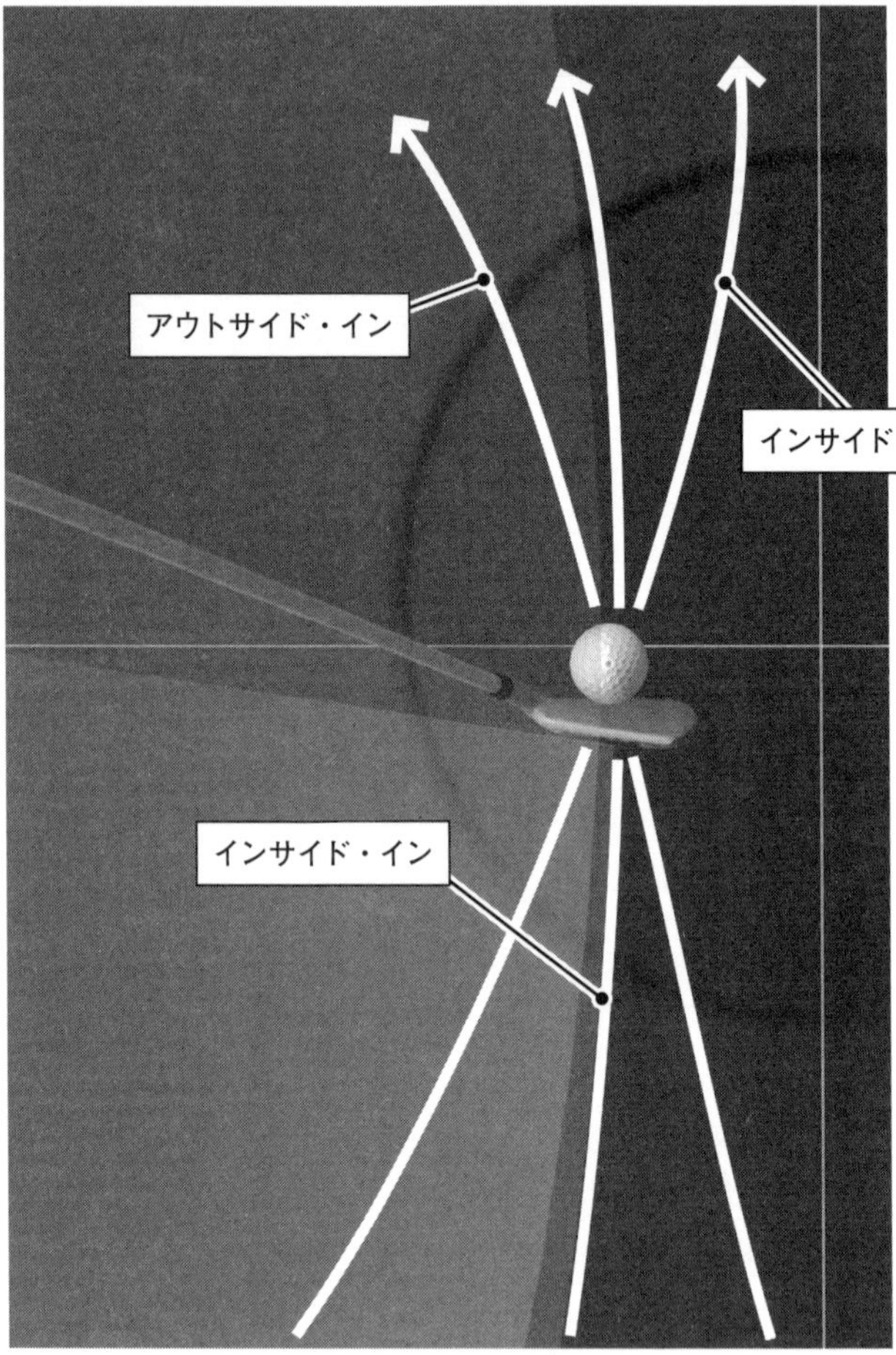

アウトサイド・イン、インサイド・アウト軌道では、軌道に対してフェースがスクエアにならないとターゲットに向かって打ち出せない。たとえばアウトサイド・イン軌道でスクエアにインパクトできると打球は真っすぐめに出て右に曲がるが、同じ軌道でもインパクトでフェースが右を向くと右にしか行かない

ボールをとらえる格好になり、真っすぐ飛びます。厳密にいうとヘッドは真っすぐ動きませんが、アウトサイド・イン、インサイド・アウト軌道でインパクトした場合でも、軌道に対してフェースが適正な向きになっていればボールに真っすぐな回転がかかります（右ページ参照）。

3はヘッドがボールに向かって下降してくる際の打ち込み度合いのことです（42ページ参照）。クラブヘッドが上から下へと動く過程で、地面にあるボールをヒットするアイアンではダウンブローに、高くティアップしたボールを打つドライバーではレベルからアッパーブローになります。

4はインパクト時の手の位置で変わります。手が目標方向に出るハンドファーストではロフトが立ち、クラブヘッドが先行するハンドレートではロフトが寝ます。両者とも過剰になるとボールが飛びません（43ページ参照）。

以上の4つが理想的な状態でインパクトできると、クラブに即した高さの弾道で効率よくボールを飛ばせます。

中心軸と手の振りのコラボがいいインパクトを生む

効率よく4つの条件を満たすインパクトを作るには、クラブにうまく力を加えることが必要です。

先端に五円玉を結びつけた20センチほどの紐《ひも》をぐるぐる回すと、手元の動きにわずかに遅れる感じで五円玉がビュンビュン回転します。手がリードする格好で動かすことで遠心力が働き勝手に回る感じになりますが、スイ

3　アタックアングル（ヘッドの入射角）

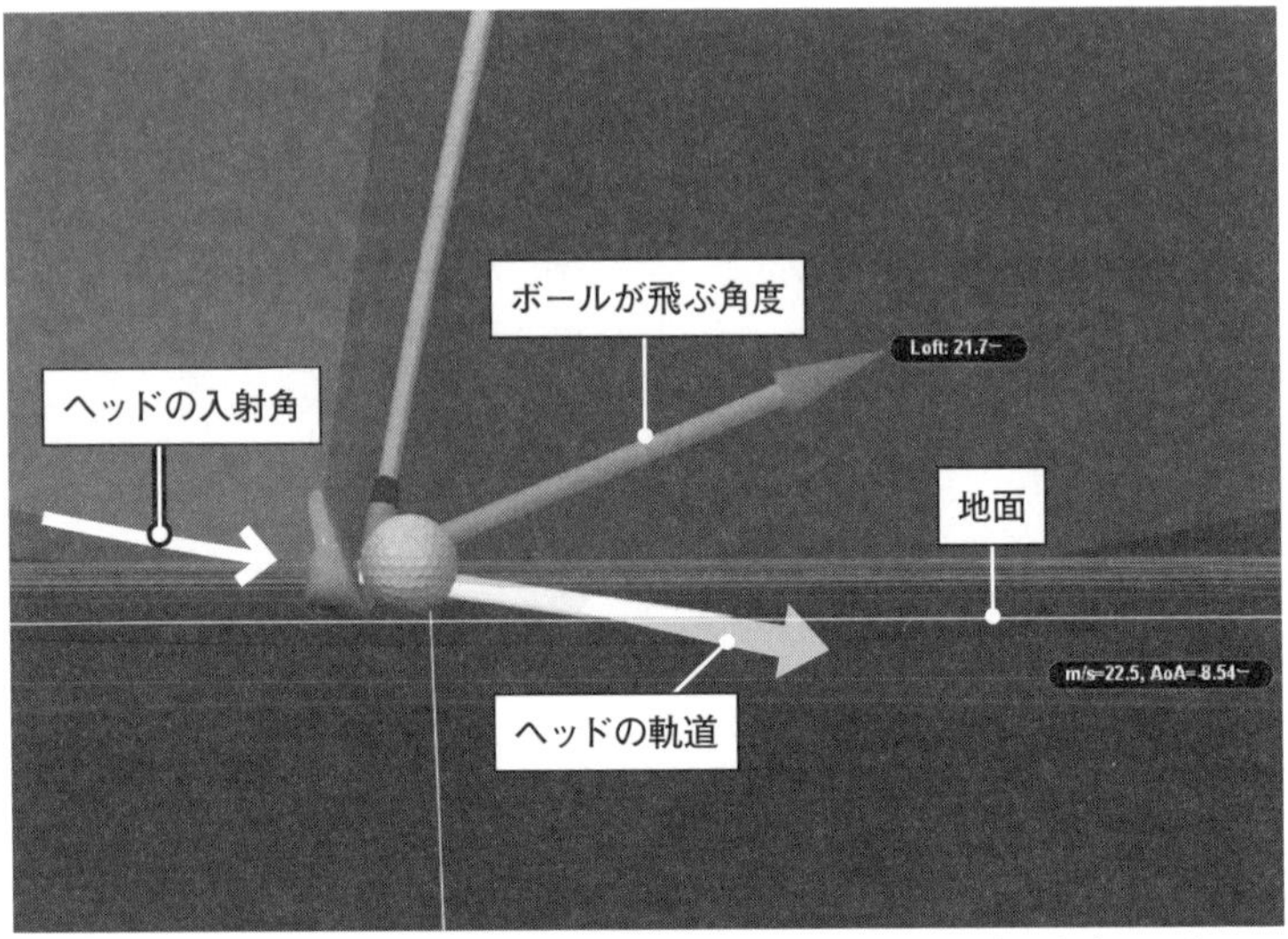

アタックアングルとは、ヘッドがインパクトに向かって下りてくる角度のこと。アイアンはダウンブロー、ドライバーはレベルからアッパーブローでインパクト。ダウンブローでもそれほど急角度ではなく、せいぜい10度以内。30度とかといったイメージは間違い。また、アッパーブローといってもボールが地面にある場合ヘッドが下から入ることはない

ングもこれと同じです。

バックスイングで胸が右後ろに上がると、それに追随する形でクラブが動きます。一転ダウンスイングでは胸が左下へ動き、それに引っ張られてクラブが下りてきます。そしてインパクトでは胸が目標とは反対方向に向く感じになってクラブがビュンと勢いよく開放されるわけです。

遠心力を生むには中心軸が必要です。また、ヘッドスピードをアップするには、腕の捻《ねじ》れと解放（詳細は後述します）が必要です。いいインパクトは、この2つのコラボレーションで生まれます。

4　インパクトロフト（インパクト時のロフト角）

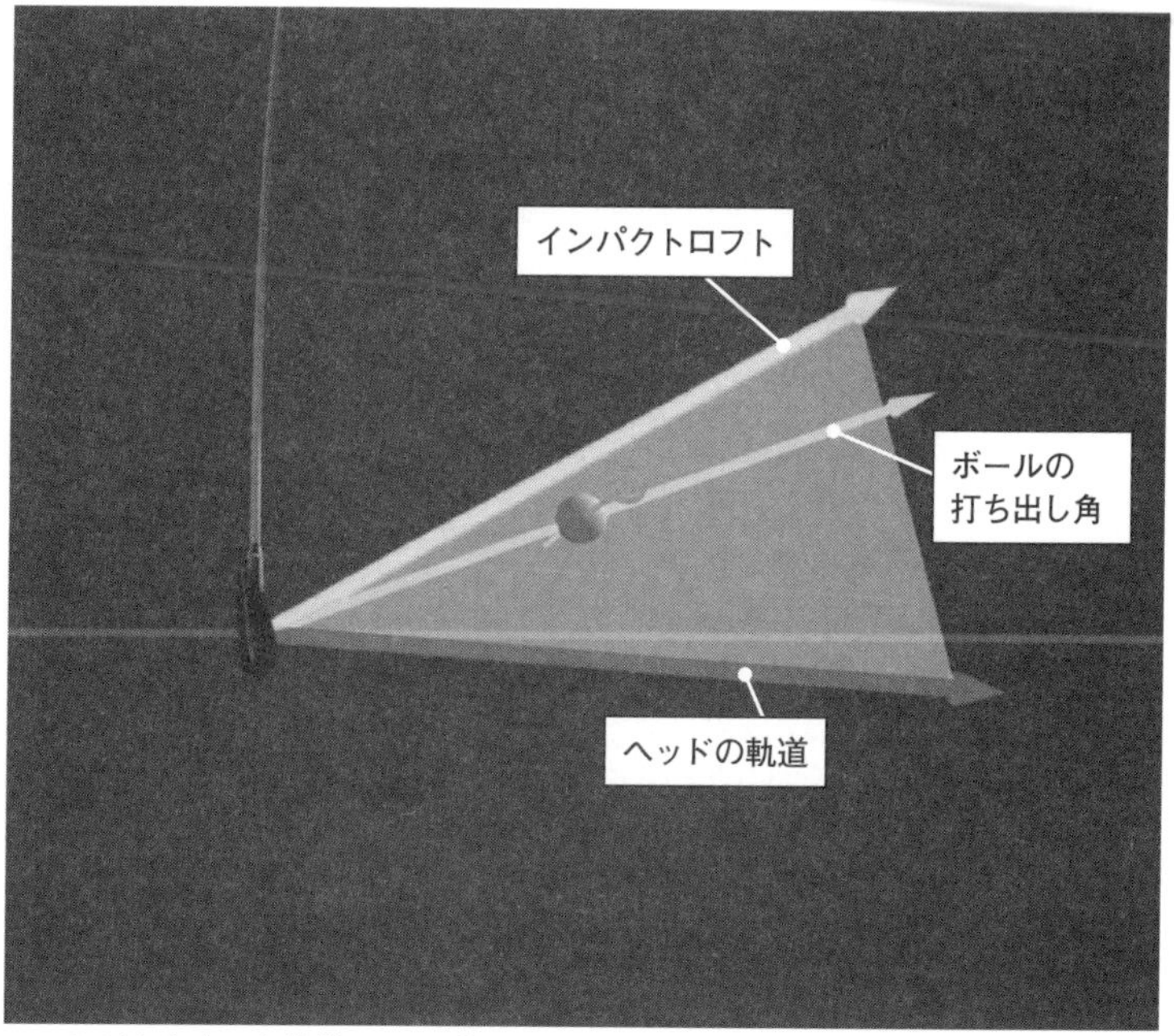

ロフトがやや立った状態でインパクトできるとエネルギーが効率よくボールに伝わるが、ロフトが寝るとボールが上がりすぎて飛ばない。また、インパクトロフトは他の３つの要素とも大きく関連する。たとえば、アッパー軌道でフェースが開くと打球は上がる一方になる。インパクトロフトはインパクト時の手の位置で変わり、手が目標方向に出るハンドファーストではロフトが立ち、クラブヘッドが先行するハンドレートではロフトが寝る

いいインパクトは腰と手が先行しクラブが遅れた状態にある

具体的なインパクトのデータを見てみましょう。引用するのは『GEARS』が提供するPGAツアープレーヤー20人のスイングデータの平均値「ツアーアベレージ」です。

まずアイアンですが、インパクトでは腰と両手が先行してボールを押す形になります。こうなるとボールにしっかりスピンがかかり、高く舞い上がってグリーンに止まります（アイアンのインパクトデータ1参照）。

ドライバーの場合、手元を少し先行させてボールを押すことで真っすぐヘッドがボールに当たり、高く飛び出して十分な飛距離を得られます。ドライバーはハンドファーストのイメージが薄いかもしれませんが、データを見るとアイアンほどではありませんがハンドファーストです。これはボールが左寄りにあるのと、シャフトの特性のしなり戻りによってアッパーブローになるからです（46ページ・ドライバーのインパクトデータ1参照）。

アイアン、ドライバーともに共通するのは、ヘッドの軌道に対して開いたフェースが徐々に閉じてスクエアに当たること。「ツアーアベレージ」では、フェースの向きが0に近く、これだとほぼストレートボールが出ます（47ページ・アイアンのインパクトデータ2、ドライバーのインパクトデータ2参照）。

アイアン（7番）のインパクトデータ1

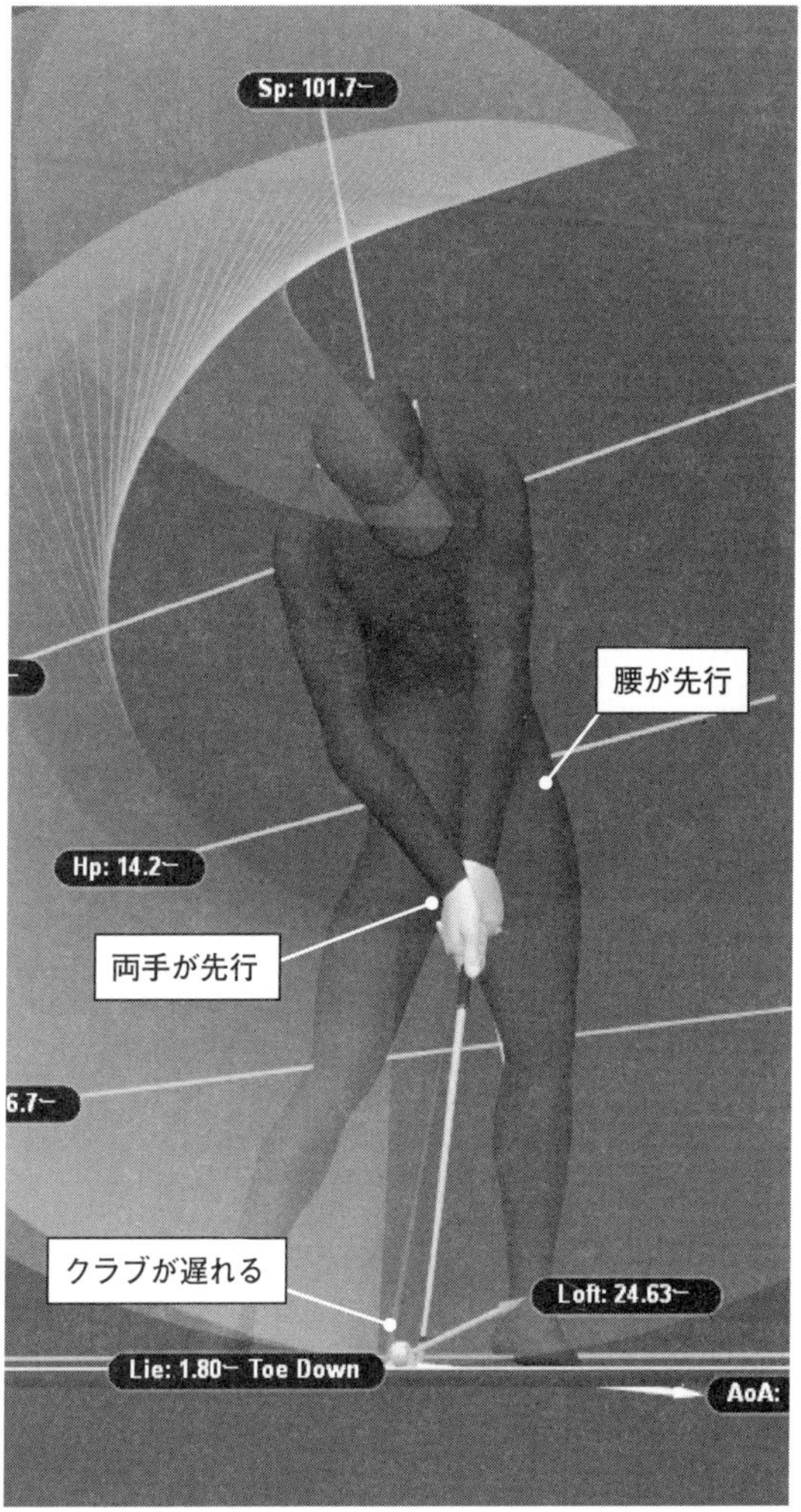

インパクトでは腰と両手が先行してボールを押す。ボールに番手なりのスピンがかかって舞い上がる

アマチュアゴルファーの場合、ヘッドの軌道がややインサイド・アウト、フェースの向きがややオープンのコンビネーションで当たるのが目安です。プロのデータは、これらを0に近づけようとしていることを示しています。

また、ヘッドの軌道がインサイド・アウトの人はフェースの向きがクローズ、アウトサイド・インの人はフェースの向きがオープンのコンビネーションだとインパクトで真っすぐ入る可能性があるということになります。

いずれにしても大事なのは、しっかり力を伝えるインパクトは腰と手が先行し、クラブが遅れた状態にあること。アドレスとインパクトはイコールではありません。まずは正しいインパクトのフォルムをしっかりと頭にイメージしながら練習してください。

ドライバーのインパクトデータ1

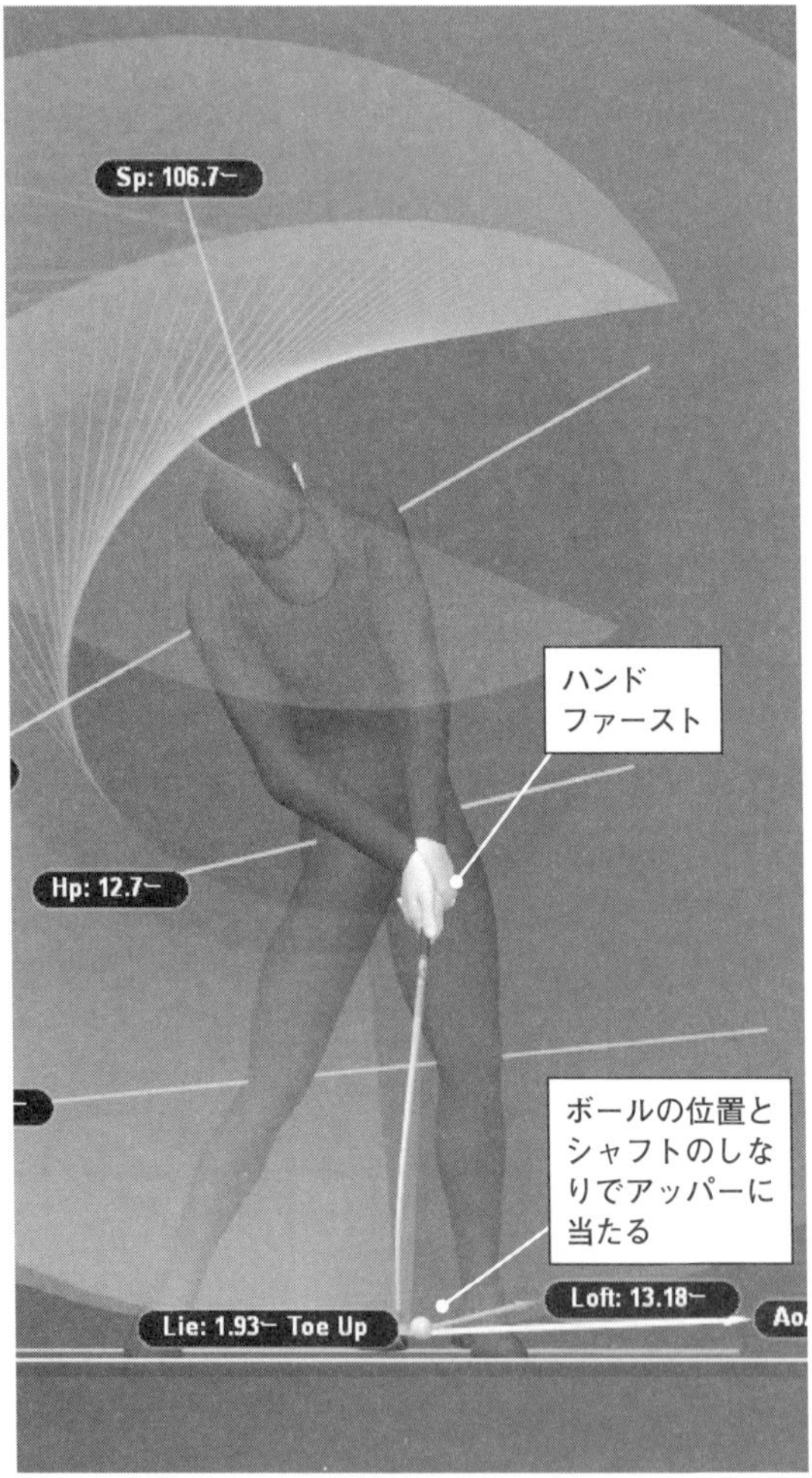

ハンドファーストのイメージがないがプロはみなハンドファーストでヒット。アッパーブローになるのはボールが左寄りなのと、シャフトがしなり戻るから

アイアン（7番）のインパクトデータ2

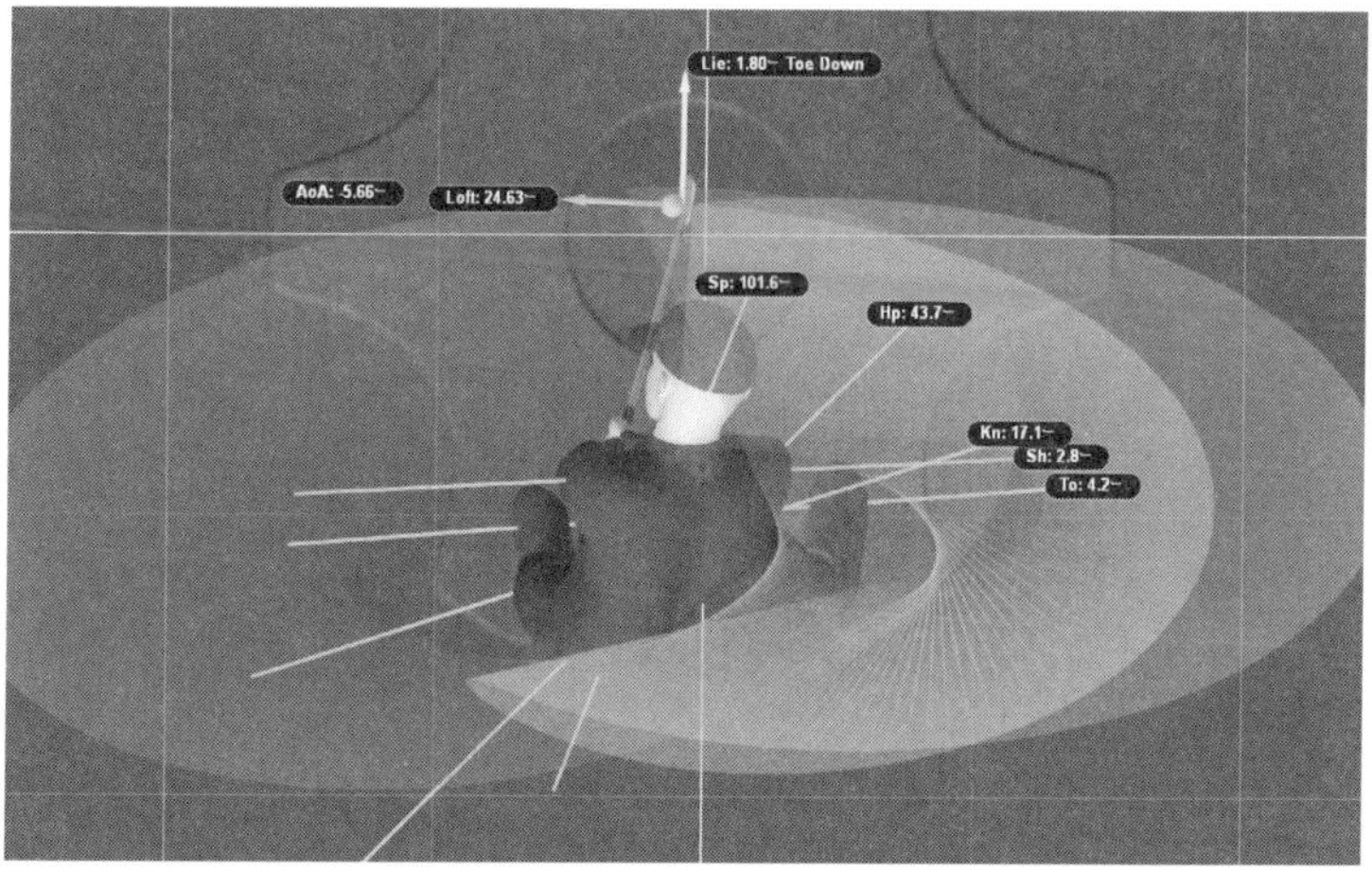

ドライバーのインパクトデータ2

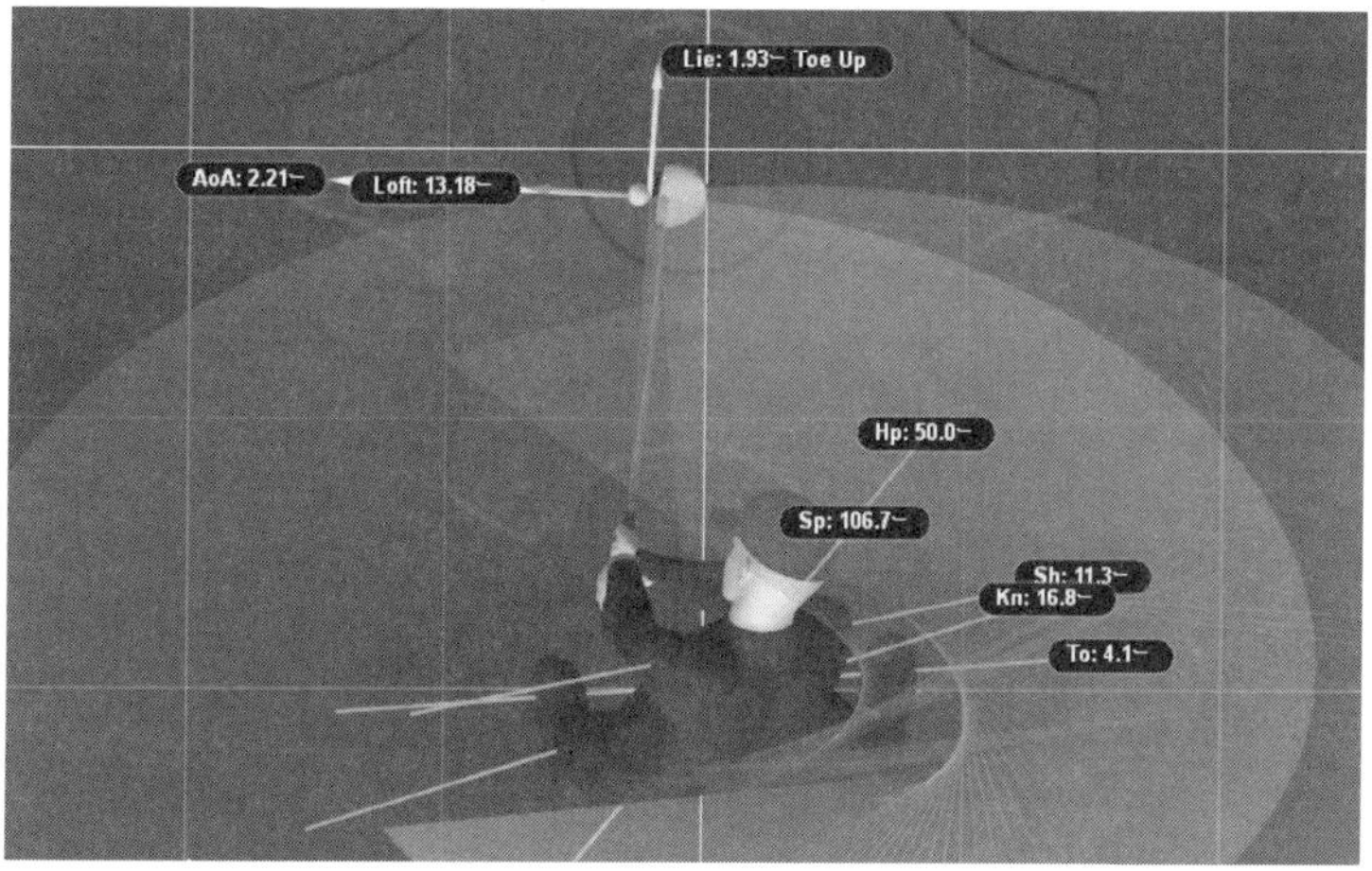

アイアン、ドライバーともに、軌道に対して開いたフェースがインパクトに向かって徐々に閉じてスクエアに当たる

**ヘッド軌道が
アウトサイド・イン**

フェースの向きがオープンのコンビネーションで目標に向かって飛ぶ可能性あり

**ヘッド軌道が
インサイド・アウト**

フェースの向きがクローズになると目標に向かって飛ぶ可能性あり

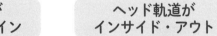

体と腕の捻れのコントロールが正しいクラブの動きを作る

意識しているかどうかは人それぞれですが、ナイスショットを打ちたいと思っているすべてのゴルファーは、最高のインパクトをするべくクラブをコントロールしようと試行錯誤を重ねています。

とはいえ、インパクトの直前で何かをしても手遅れですし、そもそもこのタイミングでできることは何もありませんから、その前に手を下さなければなりません。いわば、その最後のチャンスがダウンスイングの後半で、いいインパクトの条件を少しでも整えようと手で合わせる動作を入れるわけです。

しかし、それはある意味熟練の技ですし、たとえできても所詮は窮余の一策ですから、みなさんはトップからいい形で切り返し、ダウンスイングの前半でクラブを完璧な位置にリードするべきです。

その方法についてお話する前に、まずバックスイングからインパクトに至るまでの過程をザッとたどってみましょう。

腕や手の動きからはちょっとかけ離れた内容になりますが、なぜスイングで手を使わなければならないか、ひいてはスイングの本質を理解するためには非常に大切なことですので、しばし耳目を傾けていただければと思います。

胸が右を向く動きにより、手、腕、クラブが右に移動する

テークバックからバックスイングで体がうまく捻れると、右ヒジのエルボープレーン上にクラブが上がり、肩の後ろあたりでトップが決まる

トップから体の捻れを維持したまま、腰の回転でダウンスイングをスタート。胸と腕でクラブを引っ張ると、クラブはエルボープレーンとシャフトプレーンの２本の間に入ってくる

ダウンスイング後半〜インパクト

クラブが地面と平行になる地点では、両手とクラブヘッドが重なり、フェースは平行からやや下向きになる。その後、フェースは徐々にボール方向を向き、閉じるように動きながらインパクトに向かう

以上がこの間の正しいクラブの動きです。この動きを作るには、バックスイングで腕と体を捻り、切り返しまでは捻れを保つこと。そして、クラブを引っ張り戻す力を使いながらダウンスイングの前半に入ります。

大事なのは捻りのコントロール。バックスイングは助走距離を作っているだけで、**最も重要なのはインパクトに向けて捻り戻すこと**なのです。

これができると、しっかり叩いて真っすぐ飛ぶようになるので飛距離とコントロールが両立してきます。

インパクトがちょっと緩んだとしても少し右に出るだけ。ショットがこうなるとゴルフはうまく回り始めます。加減して振ると真っすぐ、しっかり振ると左、緩むと右に飛ぶ、ではゴルフは難しくなる一方です。

捻り戻し始めるポジションで軌道が変わる

さらに、どのポジションから捻り戻すかがポイントで、たとえば高すぎるトップ位置やクラブがクロスしたトップから一生懸命に引っ張り戻すとスイング軌道はアウトサイド・インにしかなりません（写真①）。これを嫌うアマチュアゴルファーは、こうなったあとダウンスイングの前半で体を起こして手元を前に出し、クラブを寝かせます。これに伴いフェースはハーフウェーダウンでかなり上向きになります（写真②）。そのまま手を使わずに打てばボールは右にしか飛びません（写真③）。ダウンスイングの後半で手を返せば真っすぐ飛ぶことがありますが、手を使いすぎるとフックします（写真④）。

1

トップが高すぎたりクロスするとスイング軌道はアウトサイド・インになる

2

アウトサイド・イン軌道を嫌いダウンの前半で体を起こしてクラブを寝かせるとフェースが上向きに

3

左上のダウンから手を使わずに打つと右に飛ぶ

4

手を返すと真っすぐ飛ぶこともあるがフックも出る

手を正しく使えるとクラブの状態を感じとれる

極端ないい方をすれば、スイングとはフェースの向きをコントロールするアクションです。たとえばスイング軌道がズレると、それに対応してフェースの向きを変えます。アウトサイド・インならフェースを開き、インサイド・アウトならフェースを閉じないと、ボールが目標に飛ぶ可能性がなくなるからです。

しかし、だからといって手を使わないのは間違ったやり方です。現にそうやっているアマチュアの方は、ほぼダウンスイングの後半で合わせる動作を入れます。手を使わないでおこうとするがゆえに、スイングが間違った方向に向かっているのです。

ハーフウェーダウンでヘッドと手が重なるか

手の動きはインパクトを整える意味で大きな役割を担っています。**正しい手の使い方がある程度わかってくると、クラブがどこにあってフェースがどこを向いているかが感覚的にわかってきます。**

そこに至る指標のひとつになるのがハーフウェーダウン。ダウンスイングで手が腰の位置まで下りたときに、クラブヘッドと手が重なるか。うまくそこに収めてオートマチックにインパクトに向かうのが理想です。

ハーフウェーダウンの手とヘッドの位置関係

ハーフウェーダウンで腰の位置まで手が下りたときにクラブヘッドと手が重なってくると、クラブの位置やフェースの向きがわかるようになる

ハーフウェーダウンが勝手にいい位置に収まるようダウンスイング前半を整える

ただ、そこまでのプロセスはいろいろあります。私が目指すのは正しいプロセスを踏むことですから、ひとまずはダウンスイング前半を整えたい。

データによって突き詰めていくと、その方法はひとつしかなく、体のいくつかのパーツをコントロールできれば誰でも到達できます。それぞれのパーツがうまく稼働しないからコンビネーションがおかしくなる。ボールを打ててても安定はしないので、そこを整えなければいけないわけです。

第2章

これだけ覚えればスコアが作れる「腕の使い方」

手の使用を裏付けるクロージャーレートとグリップロール

さて、ここまで手を使うことの重要性について綴ってきました。ただ、実際にどう使ったらいいのか、についての情報となると少なかった。その理由は、確固たるエビデンスが得られなかったからです。

しかし、スイングのデジタル分析によってそのメカニズムが解明されるのに伴い、どう動けばいいのかも明らかになりました。ということで、この章では実際の動きとエビデンス、動かし方の順に紹介していきます。

スイング中に手を使うとは、いいかえると腕の捻れをコントロールすることです。第1章では、切り返しからダウンスイング前半で体を捻り戻すことに触れましたが、このときに腕も捻れます。まさにここが、これまでブラックボックスだった点です。

スイング中クラブヘッドは左に回転する

スイングは回転運動です。体が回転することは実感としておわかりだと思いますが、スイング中は体だけでなくクラブも回転します。それに伴って絶対に起こるのがフェースターンで、これがあって初めてボールがつかまります。

『GEARS』が提供する「ツアーアベレージ」の中には、インパクトの瞬間にフェースがどれくらい開閉しているかを示すクロージャーレートというデータがあります。

それによると数値はマイナス363rpm（マイナスとは左回転。単位はラウンド・パー・ミニッツで1分間の回転数）。手を使っていなければ0になるはずですが、データを見ると明らかに左に回転している、つまりフェースが閉じています。

ダウンスイングでフェースがすごく開いている人の場合、インパクトで急激に閉じるため、クロージャーレートは500～600rpmになります。400台でも多いほうですから半端なく手を使っていることになります。

参考までに、アマチュアの方によく見られるフェースの開閉を抽出したデータを見てみたところ、ややインサイド・アウト軌道でヘッドが下りてくるゴルファーでも、フェースの開閉を示すクロージャーレートが444rpmあり、かなりフェースの開閉が強いことが見てとれました。手を使わないとフェースが開いてボールが右にしか飛ばないので、強く返している状態です。

反対にダウンスイングでフェースが閉じている人の場合は、そのままだと閉じすぎるためインパクトで止める、あるいは右に捻るような動きが入ります。アマチュアの方のスイングではこのようなことが起きています。

PGAツアーの選手もダウンスイングで手を使う

また、インパクトの瞬間にグリップ自体を

クロージャーレート

インパクトに向かって
フェースを閉じている

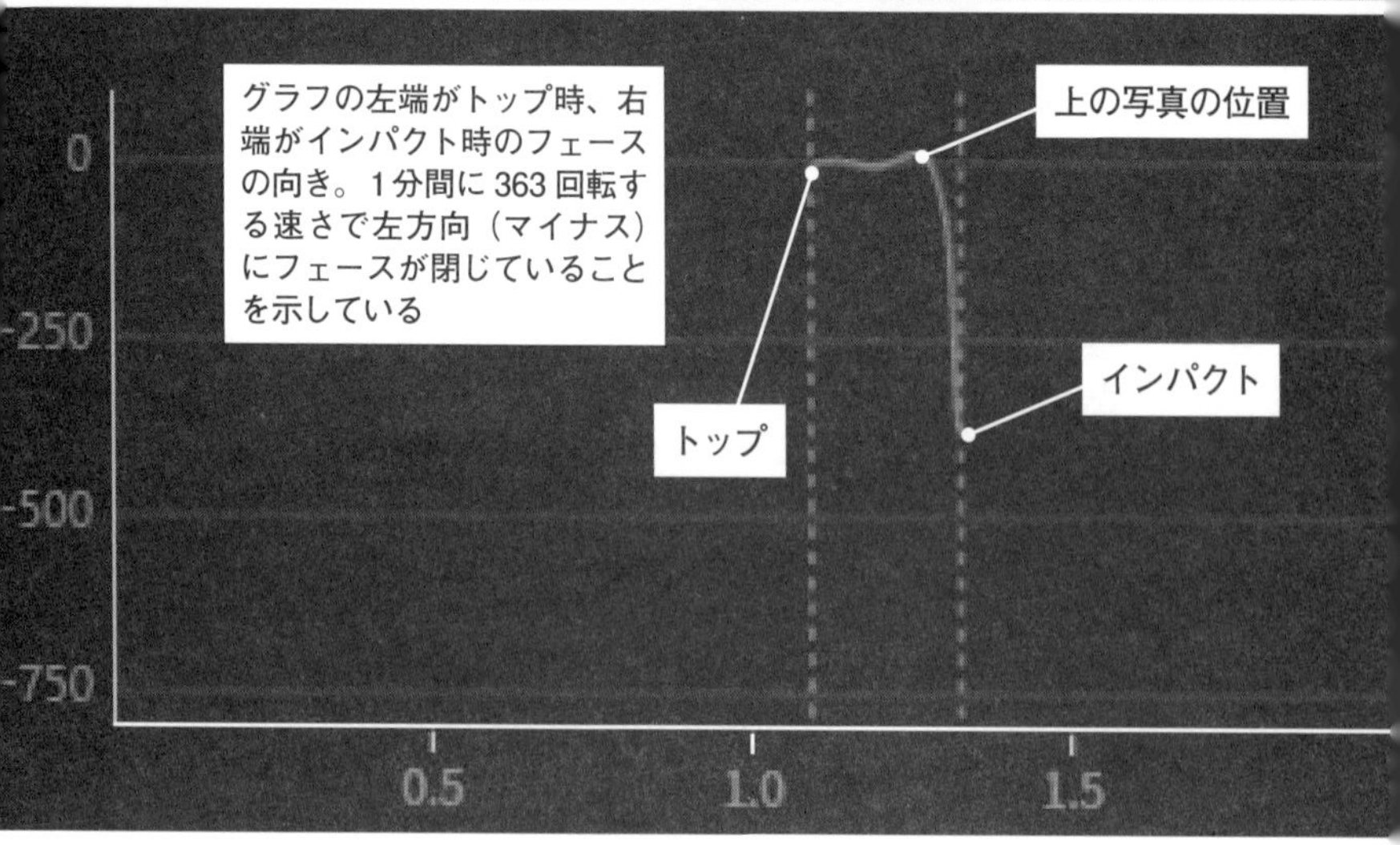
グラフの左端がトップ時、右端がインパクト時のフェースの向き。1分間に363回転する速さで左方向（マイナス）にフェースが閉じていることを示している
上の写真の位置
インパクト
トップ
0
-250
-500
-750
0.5
1.0
1.5

どれくらい捻っているかを示すグリップロールというデータもあります。

それを見ると、トップからダウンスイングの前半にかけて、いわゆるタメができるタイミングまでは捻り戻しがありません。そのため数字は横ばいですが、その後、急激にグリップを捻り戻す力がかかります。

フェースが閉じながらインパクトに向かっているわけですが、その数値は1436度(1秒間の変化を度数で示す)。ダウンスイングでフェースが開いていると2000〜3000度になることもあります。

これらのデータからPGAツアーのプレーヤーもダウンスイングで手を使っていることがわかりました。

テニスのショットでドライブをかけるときと同じで、面のある道具を介してボールに力を伝えようとした場合、手を使って腕を左に捻ったほうが力は伝わります。また、捻るにしても、同じ力加減でスーッと入ったほうが、力が伝わることが数値から推察できます。

右腰の位置でフェースは正面から下を向く

フェースの向きについても検証してみましょう。

トップの位置からダウンスイングでストレスを感じることなく動けると、フェースの向きはどんどん下向きになります。上を向いていたのがボールの方向を向いてくるわけですが、ヘッドが腰の高さにきたタイミングで、フェースの角度が地面に対して垂直から下向き10度程度の間に入ってくるのが適正。こう

グリップロール

シャフトは左に捻られている

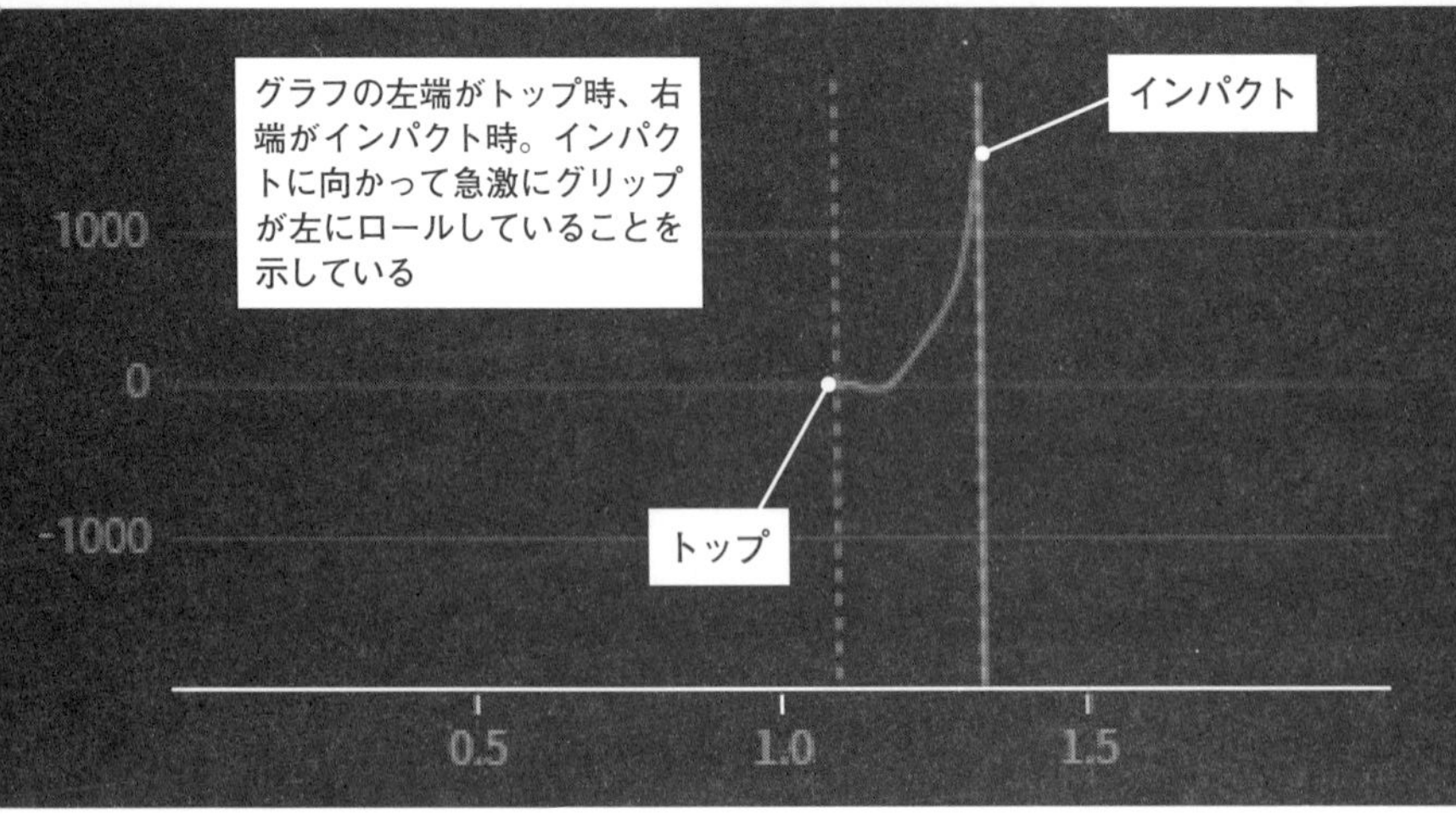

グラフの左端がトップ時、右端がインパクト時。インパクトに向かって急激にグリップが左にロールしていることを示している
インパクト
1000
0
-1000
トップ
0.5
1.0
1.5

なるとインパクト時のクロージャーレートが360くらい、グリップロールが1400程度に収まります。

フェースが開いて下りる人の中には上向き30度という人もおり、シャンクする人は腰の高さで15度くらい上向きになります。反対にここで15度下を向いていると、打球が時おり左に出る感じになります。

繰り返しになりますが、このタイミングで、ヘッドがいい位置にあれば手を使う感覚がなく、体を回すだけでフェースが閉じようとする動きが入ってきます。

プレーヤーそれぞれが、自分の調子のいいときにどれくらいの数値かをつかんでおければ、その変化を見ることでいまの状態がわかり、ベストに戻すことが可能になるわけです。

ヘッドが腰のタイミングでフェースが0度から下向き10度程度が適正

フェースが開いてシャンクする人は腰の高さで15度くらい上向きに。逆に15度下を向くと打球が時おり左に出る

4つのエリアで腕と手の動きをひもとく

スイングで生まれるパワーは、クラブが動くスピードとクラブコントロールを両立させることで最適化されますが、スピードは体だけでなく腕の使い方でアップします。いい方を換えると、**ボールが飛ばないのも曲がるのも、手や腕の使い方に問題があるから**だと考えられます。

では、具体的に手や腕をどう使えばいいインパクトになるのか？　ということで、腕と手の動きを解説していきますが、理解しやすくするために以下の**4つのエリアで考えます。**それぞれのエリアでの腕の捻れ方を理解することがショットの安定につながります。

エリア1
アドレスからテークバック。腕と手が位置移動するエリア。

エリア2
バックスイングからトップまでで、腕を捻ってパワーを溜めるエリア。

エリア3
捻れをタメてくる、切り返しからダウンスイングの前半。両手が腰の高さに戻るまでのエリア。

エリア4
捻りを解放してパワーを出力するエリア。

エリア1
エリア2
エリア3
エリア4

「エリア1」では腕も手も大きく変化せずアドレスから位置移動するだけ

はじめにいっておきますが、**エリア1では腕の動きはごくわずかです。**左右両腕ともにヒジから先（前腕）の部分が右回転しますが、ほんの少しで大きな変化はありません。ヒジから肩の上腕部にいたっては、ほぼ動いていないといえます。

手首の角度も右手首がわずかに甲側に折れる程度で大きな変化ではない。腕や手はアドレスから位置移動するだけと考えていいでしょう。

こうなるのは、体のリードでスイングが始まるから。エリア1では腕を動かすより動かしすぎないことがポイント。腕の動きを抑えることで必然的に胸が右に回り、体の捻れを作るきっかけになります。腕を大きく使うと体を回さなくてもクラブを動かせますが、これではエンジンの動力源である体の捻り戻しを使えません。

アマチュアゴルファーによくあるエラー動作は、右ヒジを曲げて体の後ろ方向に引いてしまう、過度に腕を捻ってクラブをインサイドに動かす、といったもの。腕主導で始動すると体が捻れないだけでなく、スイング軌道とフェースの向きにもズレが発生します。「ヨーイ、ドン！」でいきなりつまずき、インパクトに向けて複雑な調整が必要になります。

エリア1では腕を動かすことではなく動かしすぎないことが大事。胸が回った結果、腕と手の位置移動が行われる

クラブの運動量を増やしスムーズなダウンスイングを目指す「エリア2」

エリア2で腕を動かす目的は2つ。クラブの運動量を増やすことと、スムーズにダウンスイングに移れるトップを作ることです。

理解するべき動きも2つあって、**ひとつは両前腕を内側に捻って（回内）、右手首を甲側に折る（背屈）こと。**後者はコッキングといわれる動きで、これによりヘッドの運動量を一気に増やすことができます。

2つめは右ヒジをゆるやかに曲げて下に向けること。こう動くと右上腕部が右回転（外旋）し、クラブをベストなトップ位置に収めることができます。

さらに、右上腕部がそれ以上外旋できない位置になると、結果的に肩の回転量が増えて、よりよいトップができます。

重要なのは、右腕の前腕部が内側に捻れるのに対して、上腕部は外側に捻れることです。2つの捻れが同時に作られることで、クラブの加速と、理想的な軌道上にクラブをキープすることが両立でき、以降のエリアにスムーズに移行する準備が整います。

ここで起こるミスはシャフトクロス。トップでシャフトが目標の右を向くことです。こうなるのは右上腕部が内側に回る（内旋）から。多くは前腕の回内につられて腕全体が内側に回ることで起こります。

エリア2
ヘッドの運動量を増やし、いいトップに導く

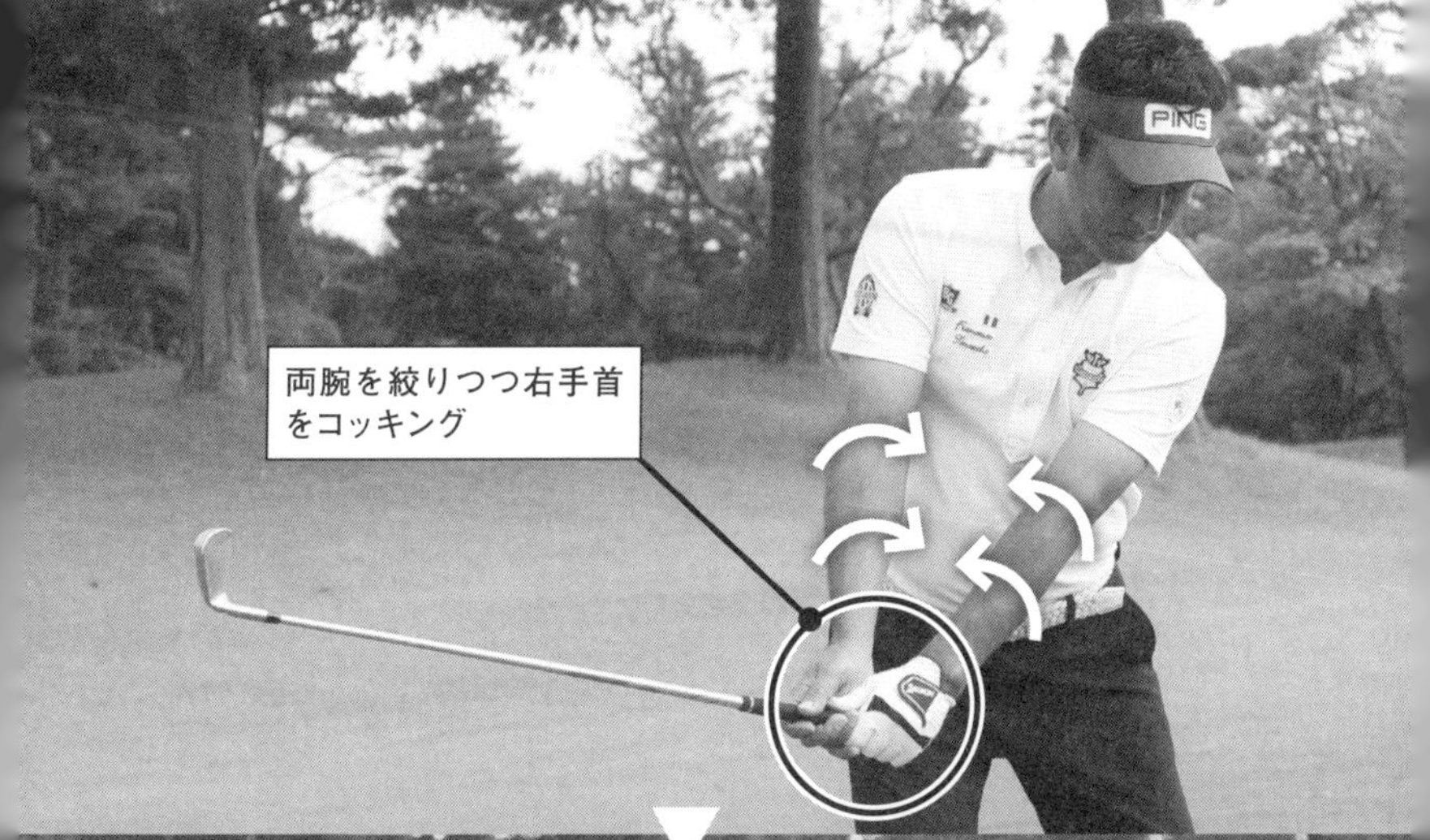

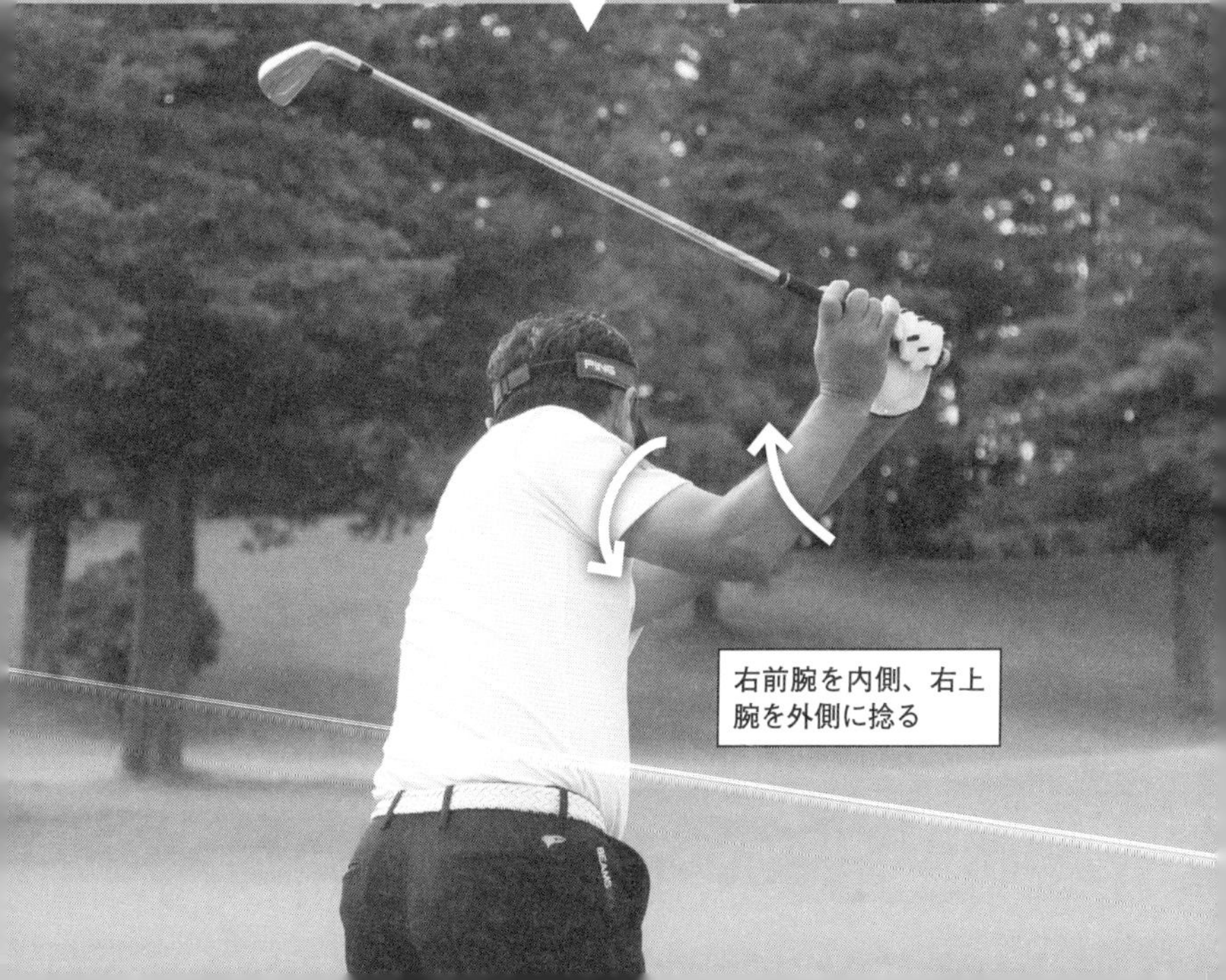

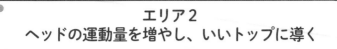

「エリア3」では腕の捩れを維持してクラブをしっかり引っ張る

エリア3での動作の目的はただひとつ。**クラブをしっかり引っ張ることです。**つまり、エリア2で作られた腕の捻れは維持したまま。すなわち、左右の前腕がともに回内し、右手首の背屈もキープされる、もしくは少し角度が増えます。ダウンスイングでも両腕を内側に絞るように捻ることで、クラブをしっかりと引っ張ることができるのです。

ここで最も重要なのは、両腕の捻れのバランスを保つことです。左前腕の回内が弱まったり、外側に回る回外が起こる、あるいは右前腕の回内が過度になると、クラブが高い位置から立った状態で振り下ろされます。その結果、外からクラブが下りてアウトサイド・イン軌道になります。反対に左前腕の回内が強く、右前腕が回外してしまうと、クラブは寝た状態で低い位置から振り下ろされます。これはシャローイングを意識したスイングの人に起こりやすく、フェースが開くためにシャンクを引き起こす場合があります。

また、上級者になると急激にフェースを閉じてインパクトを作るので、いわゆるチーピンの原因にもなります。クラブをインサイドから振ることは悪いことではありませんが、何事もバランスが重要。過度なシャローイングはスイングを複雑にするだけです。

エリア3
両腕を内側に絞るようにして捻る

両腕と両手首の状態をキープしたままクラブを引っ張る。両前腕が内側に捻られている

捻れを一気に解放してヘッドスピードを最大にする「エリア4」

エリア4で腕を動かす目的は、これまで溜めてきた捻れを一気に解放してヘッドスピードを最大にすることです。

グリップエンドが腰の高さにきたところからインパクトにかけてでは、右前腕は引き続き回内しますが左前腕は回外する。両前腕が同じ左方向に回ります。

手首の角度を見ると、左手首はインパクトに向けてフラットな状態に近づきます。右手首は徐々に角度が浅くなりますが、アドレス時の角度までは戻りません。重要なのはここで、インパクトではまだクラブヘッドが完全にリリースされていません。

左前腕の捻れはアドレス時に比べてまだ回内した状態を保っており、左手首の角度もほぼこれに準じています。一方、右手首はアドレス時に対して角度を保っているものの、右前腕の捻れだけはしっかり戻っています。つまり**左手と左腕だけだとフェースは体に対してまだ開いているけれど、右手と右前腕は閉じているのです**。右前腕と右手についてはエリア2で説明したコッキングと同じ動き。前腕の回内と右手背屈は常にワンセットです。

この腕の動きをしっかり理解できれば、ハンドファーストインパクトできてボールを遠くに飛ばすことができます。

エリア4
左右の前腕を左方向に捻り戻す

インパクトで右手と右腕をしっかり捻り戻すことでハンドファーストの形になる

剣道の「メーン！」のイメージで両腕を内側に絞りながら振り下ろす

腕の動きはタテの動きとヨコの動きのミックスでできています。

タテの動きは剣道で「メ～ン！」を打つようなイメージでクラブを動かすとわかります。クラブを持って手首をタテに折る（コッキング）と、両腕が内側に絞られます。

振り下ろす際にはグリップエンドから動き始めますが、このとき振り上げたとき以上に両腕が内側に絞られるはずで、これがダウンスイングでタメを作る動きになります。

この一連のタテ方向の動きに、ヨコの動きが入ると斜めのスイング面ができます。ヨコの動きとは、体の回転と右ヒジが下を向く動き（右上腕の外旋）です。

つまり、**ヒジから先でタテの動きを作り、ヒジから上はヨコの動きを作るわけです。**

スイング中の腕の感覚としては、クラブをタテに動かしているのが正解です。

ヒジから先でヨコの動きを作ると、バックスイングでスイング面がフラットになりすぎます。

この状態になると、ほとんどの人が修正動作としてバックスイングの後半で腕をタテに使います。その結果として、高いトップやシャフトクロスになり、スイングのバランスが崩れてしまいます。

×

右上腕が内側に回るとトップでクラブがクロスする

メーン

剣道の「メーン！」のように、手首をほどきながら、両腕を内側に絞ってタテに振る

手首をタテにコックし右上腕が時計回りに捻れて右ヒジが下を向く
エリア1～2

リードアーム は右手。利き手で打つイメージでスイングする

ここまで説明してきた腕の動きは、右手に注目するとわかりやすいと思います。

「ゴルフのリードアームは左手で右手は殺す」などといわれますが、右利きのプレーヤーは絶対的に右手の感覚が鋭敏です。方向性を出すにも利き腕で考えたほうがイメージは出やすい。何より左腕に対する右腕の動きが理解できないと、フェースをコントロールできません。

また、ボールを投げるときは右腕をしならせて捻れを使います。テニスでラケットを振るときも同様なのに、ゴルフだけ左手で考えるのは不自然です。右手は決してアンタッチャブルな存在ではないので、疑うことなく右手のひらとフェース面が同じ方向を向くと考えて構いません。

それを前提に手と腕の使い方をおさらいしてみると、まず**バックスイングにおける最大のポイントは、右ヒジから先の前腕は内側（時計回り）に捻りつつ、上腕を外側（反時計回り）に捻っていること。**同じ腕ながらヒジを境に逆方向に捻っています。

これができれば、トップでシャフトのラインがターゲットのやや左を指すレイドオフになります。一概にそれがベストとはいいませんが、トップでの悪いクロスがなくなります。

右利きは絶対的に右手の感覚が鋭敏

バックスイングでは右前腕は内側に捻りつつ、上腕を外側に捻る

トップではレイドオフになる

エルボープレーン上にクラブがあれば、クラブを立てる意識で振ってもオンプレーンに

トップがよくなれば自然とインサイドから振り下ろせる

トップの位置を上から見てみると、プロはみな肩のラインに対してシャフトのアングルが75度以下になっており、ダウンスイングでクラブが肩よりも低い位置から下ります。

それに比べるとアマチュアの方は90度以上になる人が多い。85度を超えると肩よりも高い位置から下りることになり、アウトサイド・イン軌道が作られてしまいます。

クラブが肩よりも上から下りる人は、体と腕の捻れを使ってクラブを引っ張るほどアウトサイド・イン軌道になるので、捻り戻すのをやめてクラブを寝かします。すると力も逃げればフェースも開くことになります。

これに対して**クラブが肩よりも低い位置にあると、体と腕の捻れを使ってクラブを引っ張って立てる意識で振っても、ちゃんとオンプレーンになります。**

これを一番うまくやっているのが世界ランキング1位にもなっているジョン・ラーム選手です。彼のトップはとても低く、クラブがレイドオフ（シャフトが目標の左を向く）になっています。クラブが自然と肩よりも低い位置からくるので、腰を開いて胸を下げ、腕の捻り戻しを使ってクラブを立てるようにスイングしています。

肩のラインとシャフトの角度は 85 度以下

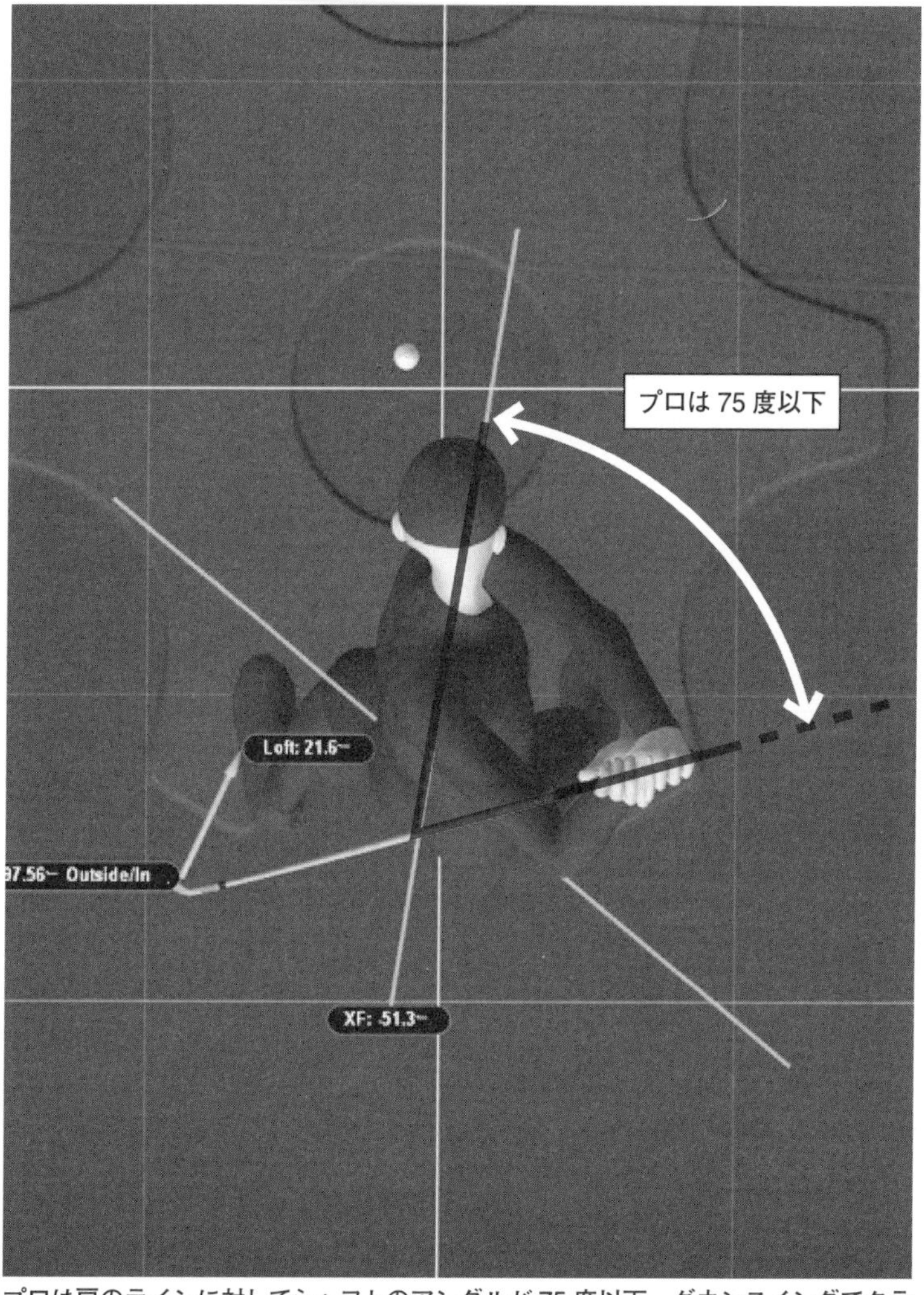

プロは肩のラインに対してシャフトのアングルが 75 度以下。ダウンスイングでクラブがインサイドから下りる。アマチュアはシャフトアングルが 90 度以上になる場合が多い。85 度を超えるとほぼアウトサイドから下りてクラブがエルボープレーンから外れる

一本背負いのようにダウンスイング

トップでは右ワキが適度に締まり右ヒジが下を向きますが、これは上腕の外旋と前腕の回内が同時に行われた結果です。

この形ができると、アウトサイドからシャフトを立てて振り下ろしていた人も、ダウンスイングの前半でクラブがインサイドから下りるようになります。

でもその後が問題で、今までアウトサイドから立ったシャフトを寝かせてインサイドに戻していた人がこのトップになると、はじめは余計にクラブが寝てしまい、プッシュスライスやシャンクが出るかもしれません。

そうなった場合は、**ダウンスイングでは柔道の一本背負いのイメージでスイングします。**トップから、腰を開いて胸を下げ、ヒジを伸ばしながら右手の平を地面に向けるようにクラブを振り下ろします。

こうすると、アウトサイド・インでスイングしている感覚になりますが、実はそれでいい。アウトサイド・インの動きは体と腕を捻り戻す動きなので悪くはないのです。問題はクラブをどの位置から振り下ろすか。「シャローイングをやると力が出ない感じがする」という人の感覚は間違っていません。腕の捻り戻しをうまく使えていないから、そのように感じるのです。

イメージは一本背負い

アウトサイド・インに振るほうが力が出る。気にしすぎると、かえって正しいスイングを身につけづらくなる

「スイングでは手を使わなくていい！」の真実

スイング中に腕の捻れをうまくコントロールできると、ヘッドスピードがアップするだけでなく打球の方向性も向上します。

ダウンスイングの前半で捻れをうまく使ってクラブを下ろし始めることで、クラブフェースは閉じる方向へ動き始めます。バックスイングではフェースが開く方向へ腕とクラブを捻っていたわけですから、これによってフェースの向きが徐々に相殺されてスクエアに近づいていきます。

引き続きクラブが下り、ダウンスイングでクラブヘッドが腰の高さあたりにくると、クラブフェースの向きは地面に対して垂直から

腕が受動的に使われるため「使っていない」感覚になるがしっかり捻れ戻っている

10度程度下を向きますが、これがこのプロセス（ハーフウェーダウン）におけるスクエアフェースです。

繰り返しになりますが、この位置で後方から見たときに手とヘッドが重なると、一般的には体の回転主導で腕が受動的に動かされフェースクエアでインパクトできます。

実際にはインパクトエリアで腕は捻り戻す方向に動きますが、感覚的には「腕を使っていない」となる。

これが、多くのプロがいう「スイングでは手を使わなくていい」というアドバイスの真実なのです。

ハーフウェーダウンでフェースの向きが地面に対して垂直から10度程度下向きになった状態がスクエア。ここから体の回転でインパクトへ

ダウンスイングでは一定の加速度で腕を捻り戻す

私が「腕を使うべき」と唱えるのは、アマチュアゴルファーのほとんどは受動的に腕が動いてこないからです。

とりわけ初心者の方、あるいはスライスが止まらない方ではこの傾向が顕著。そんな方たちは、この章で説明した腕の動きを理解したうえで積極的に使っていくようにすれば、必ずいいショットが打てるようになります。

これまでのゴルフレッスンでは、腕がどの方向にどれくらい捻れるのか、それに伴ってフェースがどれくらい開閉するのかを知ることができませんでした。しかし『GEARS』を使うことで、今ではそれらの数値を即座に知ることができます。

それによってはっきりしているのは、ダウンスイングの後半で腕の捻れを強めたり弱めたりするとボールコントロールは失われる一方になるということです。

これは最も避けなければならないことで、やればやるほどゴルフは難しくなります。このエリアでは一定の加速度で腕を捻り戻すことで初めて、安定したインパクトが作られるのです。

腕を使わないスイングがいいわけではなく、腕だけ使うスイングがいいわけでもありません。ナイスショットを打つには、自分のスイングのクセを知り、その動きを適正な領域に近づけることが必要なのです。

第3章

正しい手と腕の使い方マスター法

この章では手と腕の正しい動きをマスターするための練習法を紹介。エリア1～4それぞれに対応したメニューをドリル的に行うことで、当該エリアにおける正しい動きがオートマチックに身につく

4つのエリアドリルで正しい腕の動きをマスター

エリア 1

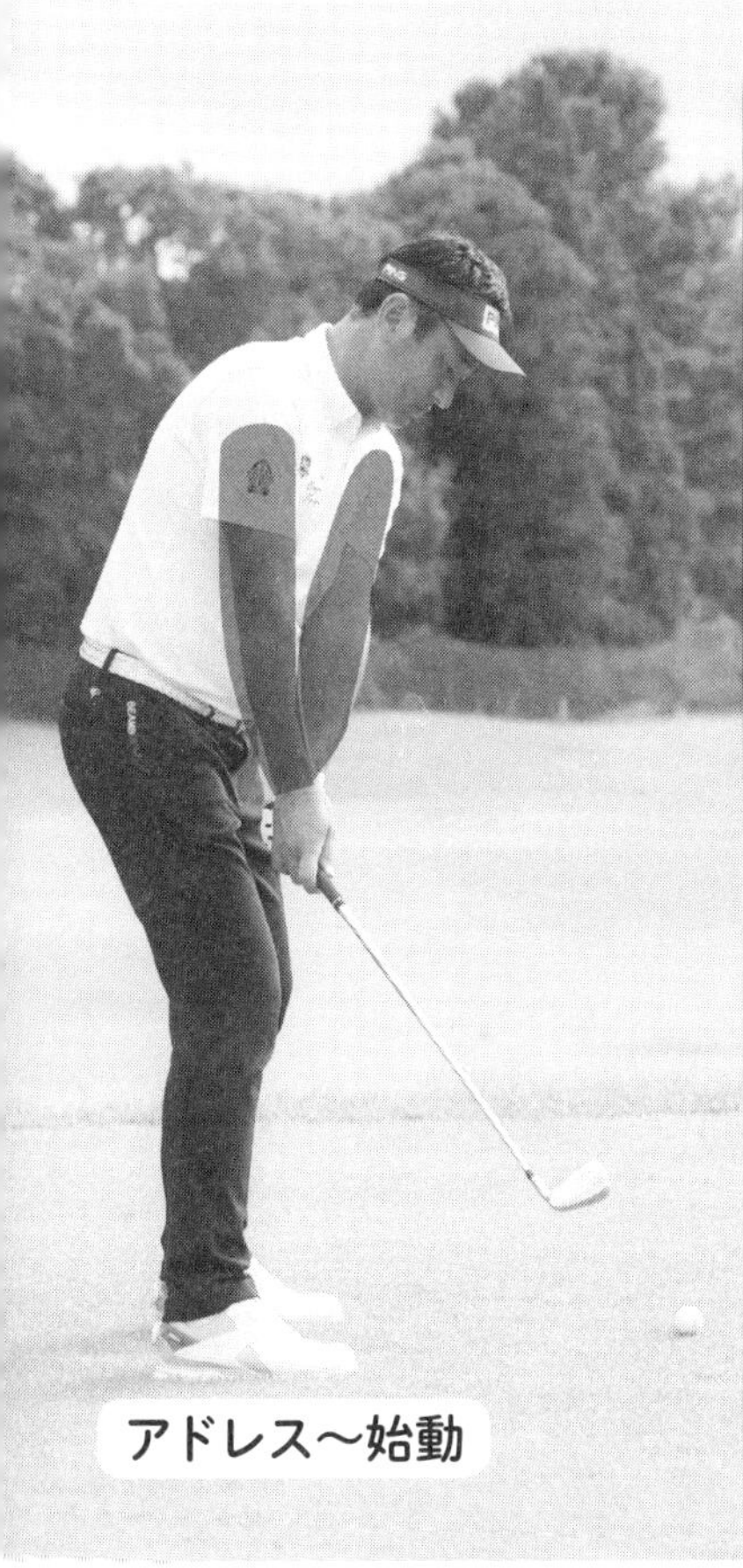

アドレス～始動

エリア 2

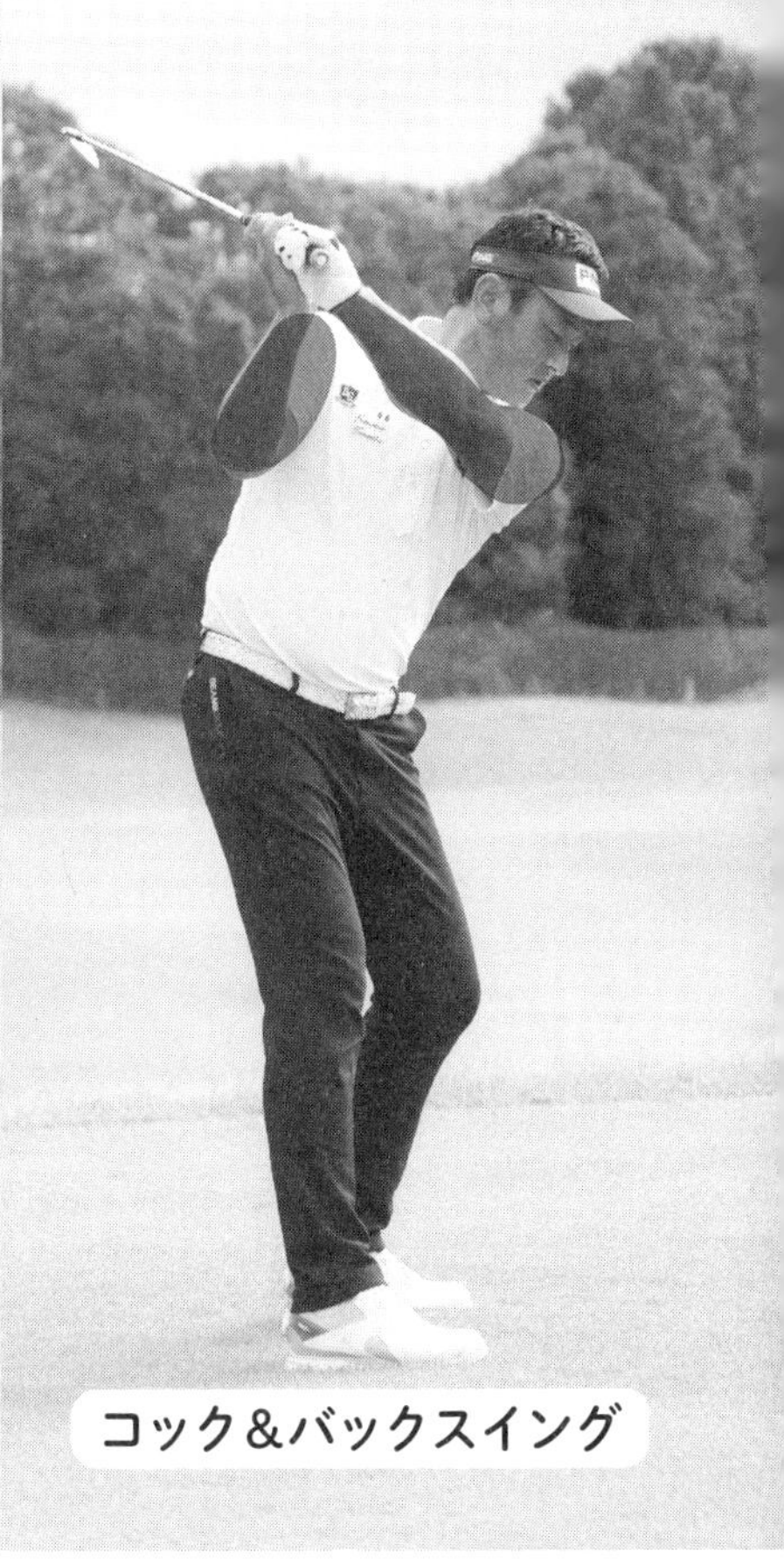

コック＆バックスイング

ペットボトル押しドリル

ヘッドでペットボトルを押して始動

バックフェース側にペットボトルを置いてアドレス

中身が入った2リットル入りのペットボトルを写真の位置に置いてアドレス

ペットボトルを押しながらテークバック

✖
手先でインサイドに引くとペットボトルを押せない

ペットボトルは軌道に合わせてインサイドに向けて置く

ペットボトルを押すには胸から動かさなければいけない

スッキリ動画解説！
ペットボトル押し

プリセットドリル

テークバックでいったん停止してからスイング

止めたテークバック位置からスイングを再開してボールを打つ

手でクラブをインに引いたり、アウトに上げた状態からはうまく打てない

正しくテークバックしないと打てない

ワキを締めてアドレスからテークバックしたら、エリア1でいったん停止。両手は右モモの近くでフェースはボールを向く

右腕外旋ドリル

右手でペットボトルを持ち「始動→コック→捻る」

スッキリ動画解説！
右腕外旋

右手首をコック
上腕を外に捻ってトップへ
3
4
手が腰の高さにきたところで手首を親指側に折る
トップではペットボトルが右手のひらに乗る

担ぎ上げて右ワキが空いてはいけない

左手で右ヒジを支える。重いようなら中身を減らす

ボトルを持ってアドレス

1

2リットル入りのペットボトルを右手に持ち、左手で右ヒジを支える

胸を右に向ける

2

テークバックでは胸を右に向ける。手首を折って上げない

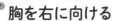

リリースドリル

ハーフウェーダウンから「1、2、3」でリリース

再び上げ下げしてインパクトへ
もう一度クラブを上下させるようにバック＆ダウンを繰り返したら振り下ろしてインパクトへ
スッキリ動画解説！
リリース
3
4

ドリルをやればダウンスイングで手首が解けなくなる

この位置まで２度クラブを下ろしてからインパクトへ

クラブを上げたらいったん下げる

左腕が地面と平行になるところまでクラブを上げる

手が腰の高さにくる程度まで下げる

レイドオフドリル

腰の高さでクラブを上下させてからトップへ

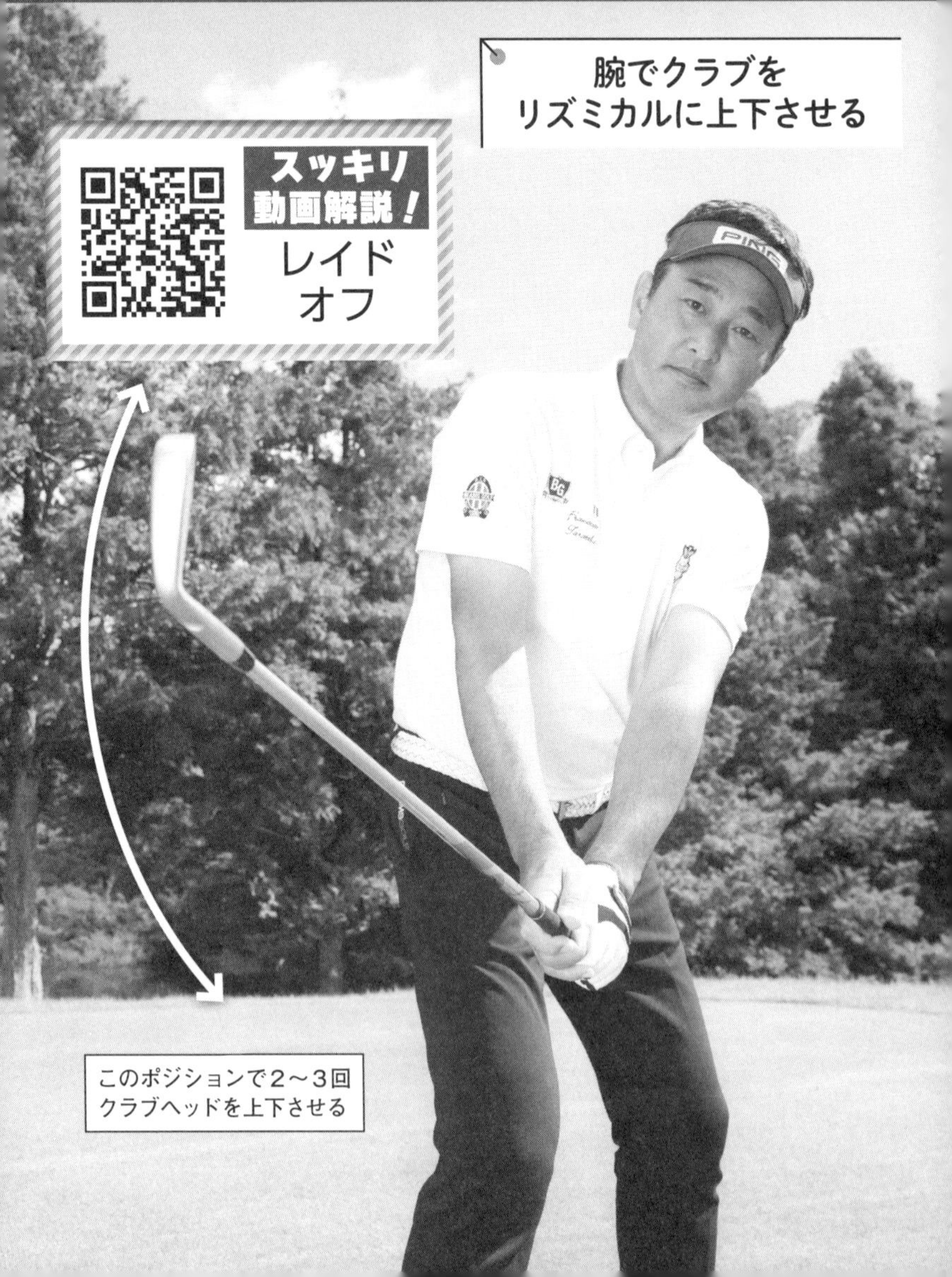
腕でクラブを
リズミカルに上下させる
スッキリ
動画解説！
レイド
オフ
このポジションで2～3回
クラブヘッドを上下させる

バックスイングしたら写真の位置でクラブヘッドを上下させる

2〜3回上下させた反動でトップへ

ヘッドが目標の左を向くレイドオフになる

左手1本ドリル

右手で左前腕をローテーションさせて振る

2

左前腕を左に回す

フォローサイドでは右手を左に回して左前腕のローテーションを促す

トップでは左手親指の上にクラブが乗る

スッキリ動画解説！

左手1本

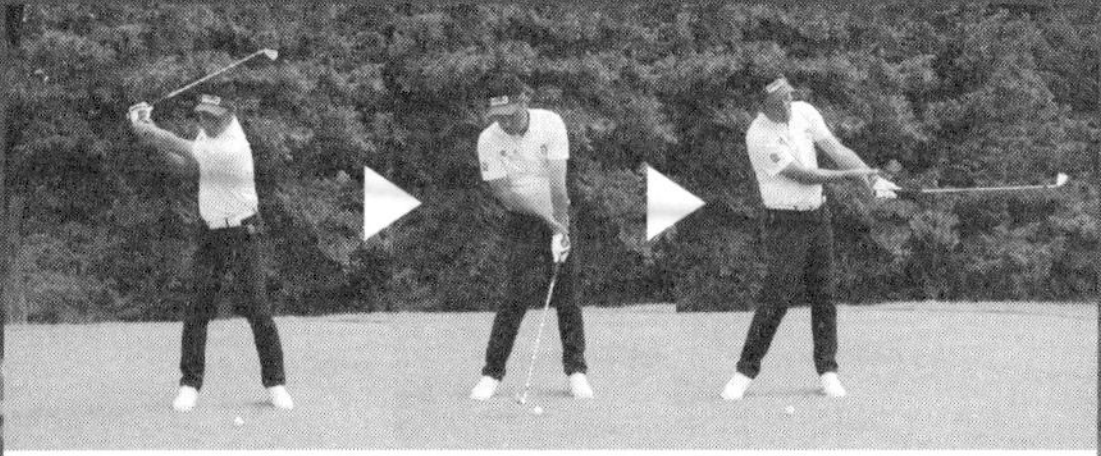

右手で左腕を正しくローテーションさせる

1

右手で左前腕を右に回す

左腕を握った右手を右に回し左前腕をローテーションさせながらバックスイング

トップでは左手と左前腕がこの形になる

右手1本ドリル

トップで90度折れた右腕を「捻り→伸ばす」

ダウンスイングで
上腕は右に回る
写真左の位置では右上腕がまだ外に回り、その後右ヒジが伸びながらリリースされる

体が右に倒れないように
気をつける

手で上げるとクラブを担
ぐ格好になる

右上腕に左手を乗せてトップへ

右上腕が外側、右前腕が
内側に回るとこのトップ
になる

インパクトドリル

インパクトの体勢からスタートして打つ

右手首が伸びないようにインパクト
あらかじめ作った形どおりインパクトできれば右手首の角度が保たれる

スッキリ動画解説！
インパクト

ダウンスイングの後半で手首が伸びる動きを直すのが目的

アドレスしたらインパクトの形を作る

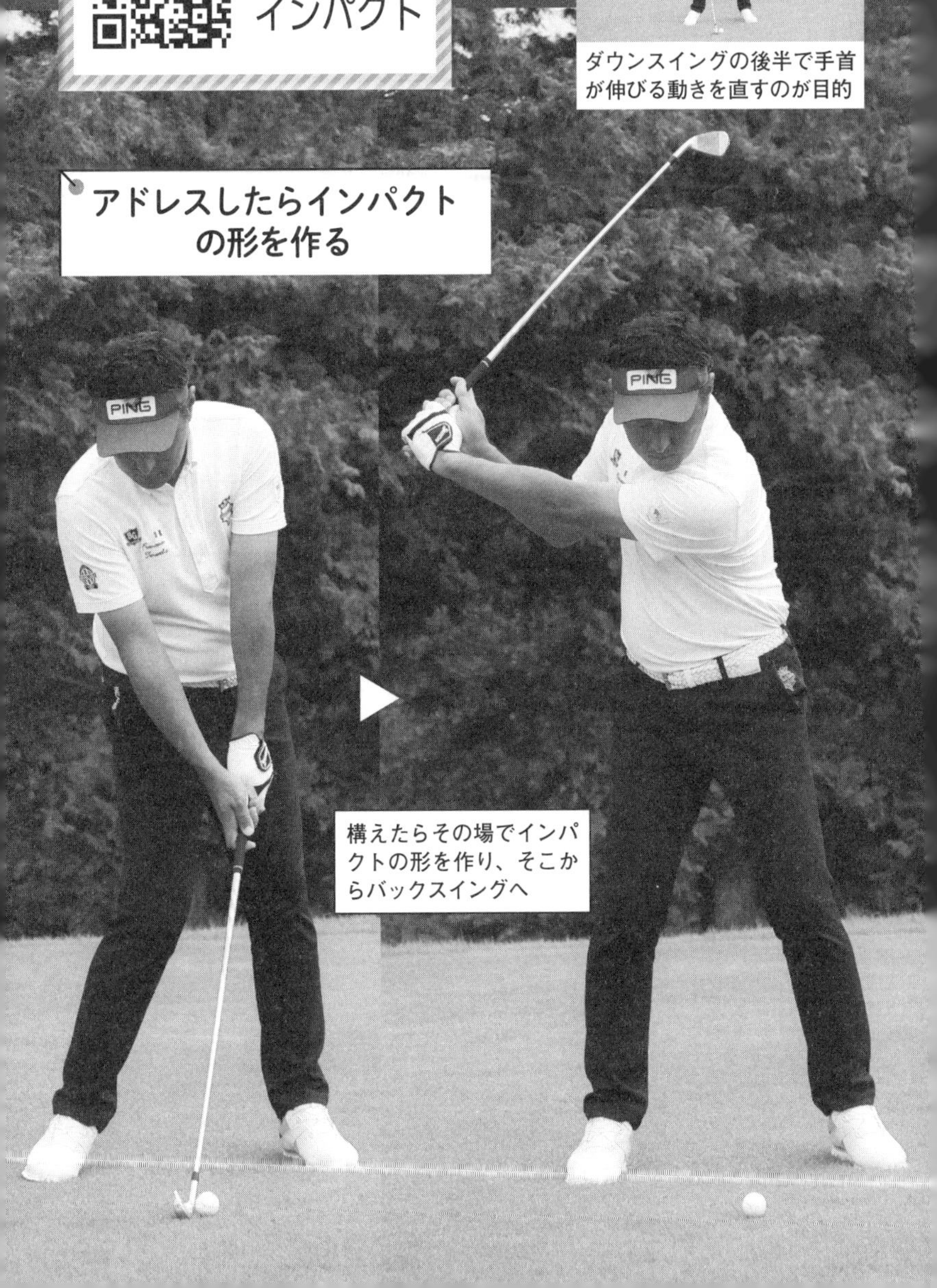

構えたらその場でインパクトの形を作り、そこからバックスイングへ

サムアップダウンドリル

“サムアップ”した親指で手の動きを覚える

スッキリ動画解説！
サムアップダウン

スイング中、親指は背後を指すこともなければ前を向くこともない

片手ずつやったら両手を連動させて行う

左手でも同じようにやる

親指の方向を意識して動く

アドレスでは立てた親指が下向き。バックスイングでは上を向いてくる

フェースコントロールドリル

クラブとうちわを一緒に握って
フェースの向きをチェック

スッキリ
動画解説！
フェース
コントロール

インパクトでは
うちわの右の面
が少し見える

フェース面とうちわの面が同じ方向を向くよう一緒に握る

自分から見てダウンスイングで右の面、フォローで左の面が見えるように振る

バックスイングとダウンスイングのうちわの向きを確認

バックスイングとダウンスイングではうちわの左の面が上を向く瞬間がある

手と腕の役割

↓ ↓

フェースを ターンさせる	ヘッドスピードを 上げる

↓

ポイント

①エリア１では、あまり腕は動かない
②エリア２では、両腕を内側に捻る
③エリア３では、さらに両腕を内側に捻る
④エリア４では、両腕は共に左へ回転

↓

イメージ

①剣道の「メ～ン！」のイメージでクラブを下ろす
②リードアームは右手
③ダウンスイングは一本背負い

第4章

回転運動たるスイングの最重要ポイントは「みぞおち」

軸を作って回転スピードをアップさせるのが体の役割

この章では、腰や肩、胸といった体の各部がスイング中にどう動いているのかを検証し、どうすればそうなるのかを説明していきます。

体の役割は、回転運動であるスイングに欠かせない軸を生み出し、かつ力を出すことですが、これについては、なんとなくはわかっているけれど具体的にイメージできていない人が大半だと思います。

ですが、**知るべきことは2つだけ。軸ができることで回転が安定することと、体の捻れがスイングスピードのアップ=パワーアップにつながることです。**

はじめにいっておきますが、積極的に体重移動を使えば力が出る、という認識は誤りです。この説を信奉する人は、テークバックからトップで体重を右に移動し、トップからダウンスイングで左にドーンと体重を乗せながらインパクトするイメージをもっていると思いますが、これでは体がヨコ移動するだけでスイングに必要な回転は作れません。

体重移動は、あくまで結果的に行われるものです。バックスイングで一生懸命体を捻りつつ、体重を乗せながら打ちに行っている人は、考え方を変えたほうがいいでしょう。

スイングは回転運動ですから、力は力でも遠心力を生み出さなければ意味がありません。

そう考えれば、体の捻れとその解放が原動力であることは自明の理。ただし、テークバックからトップに向かって思い切り捻ればいいのではなく、肝心なのは捻り戻すことであることは第2章でも触れたとおりです。

5つのエリアに分けて体の動きを理解する

効率よく回転するには中心が必要ですが、**スイングにおける中心がどこかといえばみぞおちです。**みぞおちが中心になって遠心力を作ることでクラブがうまく動きます。

ただし、みぞおちだけが単独で動いているわけではなく、肩や腰が連動します。ですから、腰や胸の動きをしっかり理解することが求められます。

ということで、スイングとはどんな回転運動なのかを『GEARS』の「ツアーアベレージ」のデータで暴いていきますが、これを理解するうえで腕と手の動きと同様に4つのエリアに分けて考えると説明しやすいので、まず頭に入れてください。

エリア1	バックスイングの始動
エリア2	バックスイングの後半でしっかり胸を捻るエリア
エリア3	体の捻れを保つエリア
エリア4	体の捻れをリリースするエリア

エリア1

バックスイングの始動では、腰も胸も右足方向へわずかにヨコ移動する。腰と胸が同じ量を移動するので、スイング軸の傾きはアドレスと変わらない

後方からスイングを見ると、腰と胸はアドレス時の前傾角度を保って回転。スイング軸の角度も維持されている。体の捻れは、腰の回転量に対して胸が約２倍の回転量になる

エリア2

腰も胸も右足方向へヨコ移動する。腰と胸が同じ量ヨコに移動をするので、スイング軸の傾きはアドレスと変わらない

腰はアドレス時の前傾角度を保って回転。胸は背屈（胸を反る）しながら回転するため前傾角度がわずかに浅くなる。トップの直前からは腰と胸が目標方向へ動き、切り返しの予備動作が始まる。腰の回転量に対して胸は約２倍の回転量のまま

エリア3

このエリアの前半で、腰のスピードと体の捻れが最大になり、腰と胸はスタンスのセンターに戻る

腰は目標方向、かつやや後傾して回転を始める。胸は前屈。腰、胸ともわずかに地面方向に沈み込む

エリア4

正面から見たスイング軸はやや右に傾く。左腰が高く、右腰が低くなる。腰は目標方向に動き、胸はスタンスセンターに留まる

インパクトでは腰は 40 度程度、胸は 20 度程度オープン、肩のラインはほぼスクエア。腰と胸に作られた捻れが解放される

スイング中〝みぞおち〟はループを描きながらクラブと反対方向に動く

ゴルフレッスンでは「スイングでは遠心力を使う」というフレーズをよく耳にしますが、遠心力はどのように作られるのでしょう？

私自身これまでなんとなく使ってきた遠心力のことが、『GEARS』を使うことではっきりと理解できました。これを理解できれば、みなさんも今後のゴルフスイング作りで悩まなくなると思うので解説します。

体は腰と胸、2つの大きなパーツでできており、両者の中央には〝みぞおち〟があります。みぞおちの動きを真上から見ると、スイング中にループを描いています。と同時にクラブをリードしていて、常にクラブとは反対の方向に動いています。すなわちバックスイングの前半では右、バックスイングの後半では上、そしてダウンスイングの前半では左へ動きながらループを描く。そしてダウンスイングの後半からインパクトエリアでは、右へ戻るように動いて完全なループを完成させます。その動きが遠心力の元になっています。

さらに胸の動きを正面から見ると、バックスイングではやや上、ダウンスイングでは下に動き、インパクトエリアでは再び上に動いています（詳細は128ページ参照）。これはまさに五円玉に紐《ひも》をつけて回すのと同じメカニズム。**クラブを安定した軌道で速く回転**

させるためには、体の中心がループを描くことが必要ということです。ではループを作るための体の動きを説明していきましょう。

“みぞおち”は常にクラブと反対方向に動く

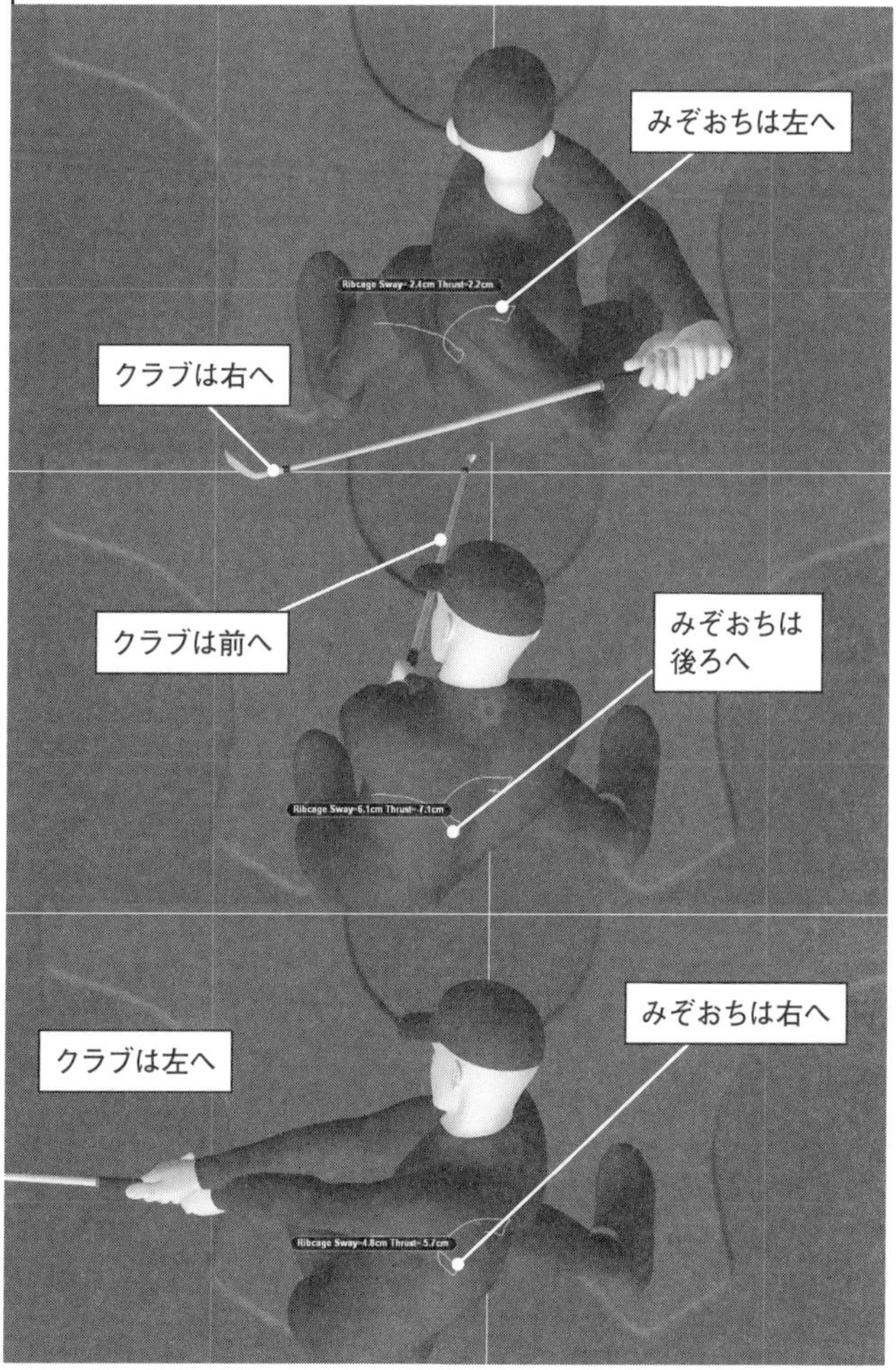

スイング中、みぞおちは写真のようにループを描く。クラブと反対方向に動いて、クラブと体が引っ張り合う関係を作る

腰の動き

腰は一定の平面で回転していない

体の動きは腰と胸の2つで作られます。この2つをひとつのパーツとして考えてしまうと、第1章で取り上げたパッティングのようなスイングになってしまい、ボールの方向性は得られてもヘッドスピードを出すことができません。

これを防ぐには腰の動きを理解すること。これにより遠心力を生み出しクラブを加速させることができます。

では腰の動きを解説しましょう。腰（骨盤）はアドレスで前傾しており、バックスイングでは前傾角度を維持して回転します。ダウンスイング前半では目標方向に傾きつつ後傾して回ります。そしてダウンスイング後半では、後傾を維持したまま目標と逆方向に傾きます。これにより体の中心であるみぞおちのループが作られるのです。

この腰の動きを作るには、バックスイングで前傾を保って回転をしたら右腰を高い位置にキープすること。そしてダウンスイング前半では右腰を高い位置、左腰を低い位置に保ちながら、腰を沈めるように回転することです。**螺《ら》旋《せん》階段のイメージで回転するといいでしょう。**ダウンスイング後半では、左腰は高く、右腰は低くなり、バックスイングとほぼ同じ面に回復します。

ダウンでは右腰を高く左腰を低く

バックスイングで前傾を保って回転し右腰を高い位置に。ダウンの前半では右腰を高く、左腰を低く保って腰を沈める

胸の動き

胸は腰と同じようには動かない

次は胸の動きについて解説しますが、その前に、もし胸が腰と同じ動きをしたらどうなると思いますか？　胸がみぞおちより大きなループを描くことになり、クラブが理想的なスイング面上を動きませんから安定したショットは打てません。体に捻れも生じないのでスピードアップもできない。なので、胸は腰と違った動きをしなければなりません。

まずはバックスイング前半。腰と胸の間に捻れの差を作るため、胸は腰の2倍程度回転。これで体を捻る準備ができます。

バックスイング後半でも腰の2倍程度回転し、少し背屈（胸を張る動き）します。これで体は一層捻れます。

ダウンスイング前半で胸は前屈し、腰はボール方向、胸の中央は右ツマ先方向を向きます。体の捻れが最大になるだけでなく、クラブをしっかり引っ張れます。

ダウンスイング後半では、腰と肩に作られた捻れを一気に解放しヘッドスピードを加速させます。

一番重要なのはダウンスイング前半の前屈。これができるとクラブを低い位置から下ろせてオンプレーンスイングが可能になります。クラブを高い位置から振り下ろす人は、胸の前屈ができていない場合が多いのです。

胸は腰の2倍程度回転。後半でもそれを保ちつつ、上体がわずかに反する

胸は前屈。腰はボール、胸の中央は右ツマ先方向を向く。後半で捻れを一気に解放

スイング軸
2つのコマが作るスイング軸

腰と胸の動きは2つのコマと考えるとわかりやすいと思います。腰のコマはダウンスイングで目標側、かつ後ろ側へ傾きながら回転してダウンスイング後半で元の傾きに戻る。

一方、胸のコマはダウンスイング前半で目標と反対側、かつ前側に傾きながら回転してダウンスイングし、後半で元の傾きに戻る。

2つは全く違う軸で回転しているのです。

一般的にいわれるスイング軸とは、腰のコマの軸の最下点と、胸のコマの軸の頂点を結んだもの。つまり、2つの歪んだコマの軸が作る主となる軸のことです。

わかりづらければこう考えてください。足を揃えて真っすぐに立ち、腰と胸を一緒に回転させると、目標に対して真っすぐなスイング面ができます。しかし、体の捻れがないのでスピードが出ません。捻れを保ってインパクトするには、腰がリードして胸が遅れてくる。さらに腕とクラブが遅れてきて、クラブが真っすぐなスイング面を作る。こう考えれば2つの軸からなる理由がわかると思います。

この軸を正面から見ると、アイアンではアドレスで90度程度、インパクトは101度前後。ドライバーでは同92度程度と106度前後。インパクトでやや右に傾きます。前傾角度はどちらも大きく変わりません。

腰がリードして胸が遅れてくる

胸のコマはダウン前半で目標と反対側、かつ前側に傾きながら回転
胸のコマ
腰のコマはダウンの前半で目標側、かつ後方へ傾きながら回転。後半で元の傾きに復帰
腰のコマ

腰と胸は回転しながらヨコ移動する

スイング中のヨコ移動と捻れについて説明します。

バックスイング前半では、わずかな体重移動と腰と肩の回転により、腰も胸も右方向へ少し移動します。これはスイングに勢いをつけるための動作です。バックスイング後半では、さらに右方向へ移動、トップ直前あたりで腰も胸も5センチ程度動きます。

トップからダウンスイングの序盤では、腰も胸もスタートした位置あたりに戻ります。前述の通り、正面から見ると腰の軸は目標方向に傾き、胸は前屈するため右に傾きます。このとき、腰と胸の捻れ差が最大になります。

ダウンスイングの後半からインパクトで腰は目標方向に移動し、胸はスタンスのセンターあたりに留まろうとします。これがみぞおちのループを作ります。

ここで重要なのは、ヨコ移動することです。腰と胸が回転しながらヨコ移動がメインになると問題が発生します。バックスイング前半で腰のヨコ移動が大きくなると肩がうまく回らず、軸も目標方向へ傾いてしまいます。ダウンスイングで同様になると、腰の回転が阻害され、急激な腕の捻れのリリースを強いられます。捻れが制御ができなくなり、スピードもフェースコントロールも低下します。

トップまでの間に腰、胸とも5センチ程度移動
わずかな体重移動と回転により、腰も胸も右方向へ少し移動する
トップからダウンスイングの序盤には、腰も胸もスタート位置あたりに戻る

ヨコ移動がなく回転に偏ってもバランスよく動けない

腰のヨコ移動が大きいと肩が回らず軸も傾いてしまう

胸はいったん沈んでもとの高さに戻る

また、胸はスイング中に上下動もします。プロのデータでは、バックスイングで緩やかに沈み、トップでは3センチ沈みます。切り返し以降も目標方向に動きながら沈み続けます。最大に沈むのは切り返しの直後で4・7センチです。その後は目標方向に動きながら伸び上がり、インパクトで胸の高さはアドレスとほぼ同じ位置に復帰します。

上下動で生まれるパワーのひとつに「地面反力」があります。足で地面を強く踏んだときに、等量の力で地面から押し返される力のことですが、これを使う場合、地面を蹴って伸び上がりながら打つイメージをもちます。ところが胸の動きから見るとそうではなく、沈み込んでから戻っていました。

胸はスイング中に上下動する

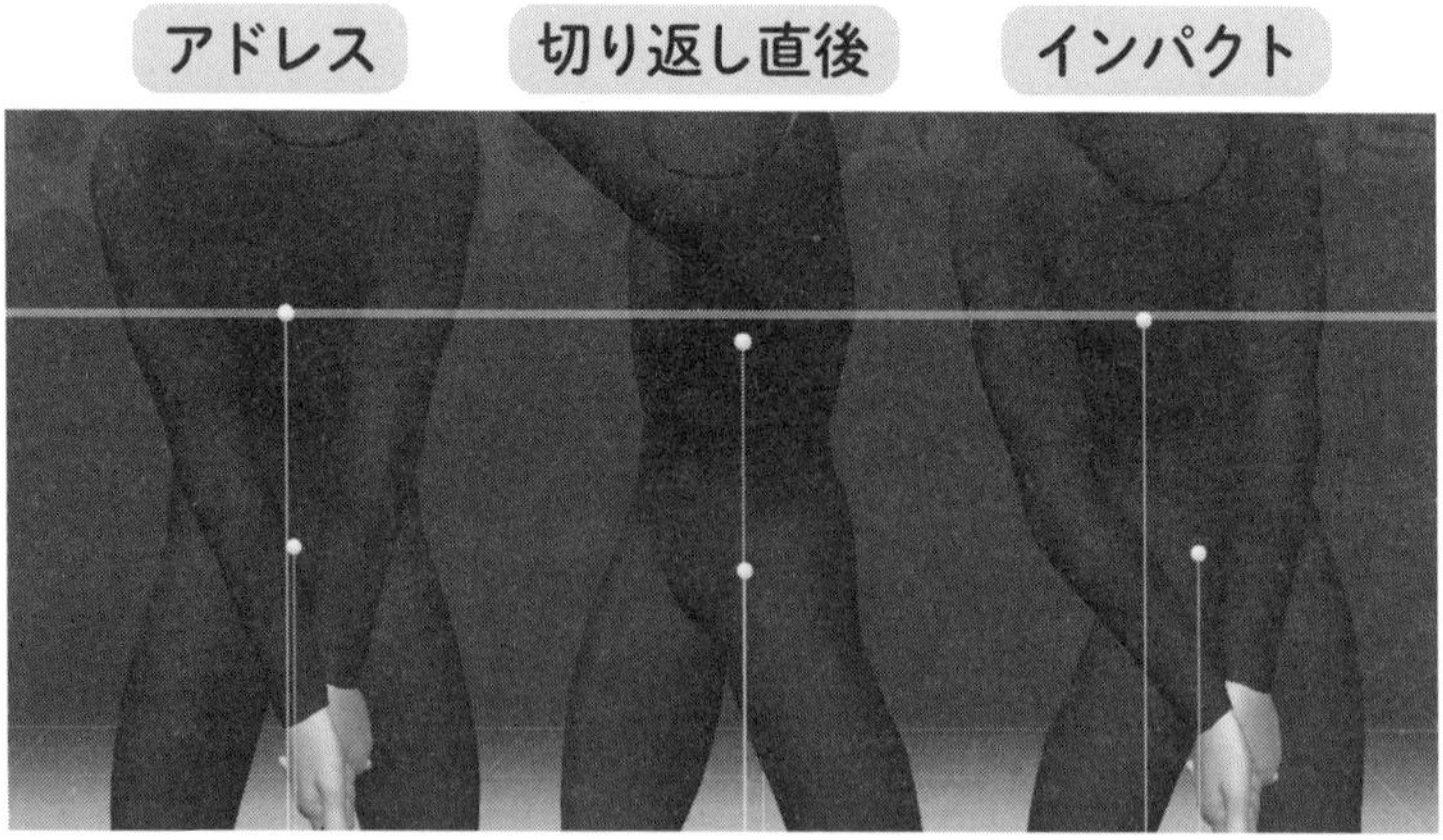

プロは切り返し以降で平均 4.7 センチ胸が沈み、目標方向に動きながら伸び上がる

第5章

正しい体の動かし方マスター法

この章では第４章の内容を受けて、スイングの主要部分となる胸や腰、肩の動きなどをマスターするドリルを紹介する。繰り返し練習するだけで自然と体を正しく動かせるようになる

4つのエリアドリルで体の正しい動きをマスターする

エリア1
アドレス〜始動
エリア2
コック＆
バックスイング
PING
PING

前傾ドリル

お尻を椅子に接触させて前傾角度のキープを確認

スッキリ動画解説！

前傾

お尻に押されてちょっと動くモノがベスト

背中側に椅子など、押すと少し傾くくらいのモノを置き、軽くお尻を当ててアドレス姿勢をとる

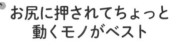

バックスイングで右、インパクトで左のお尻が当たる

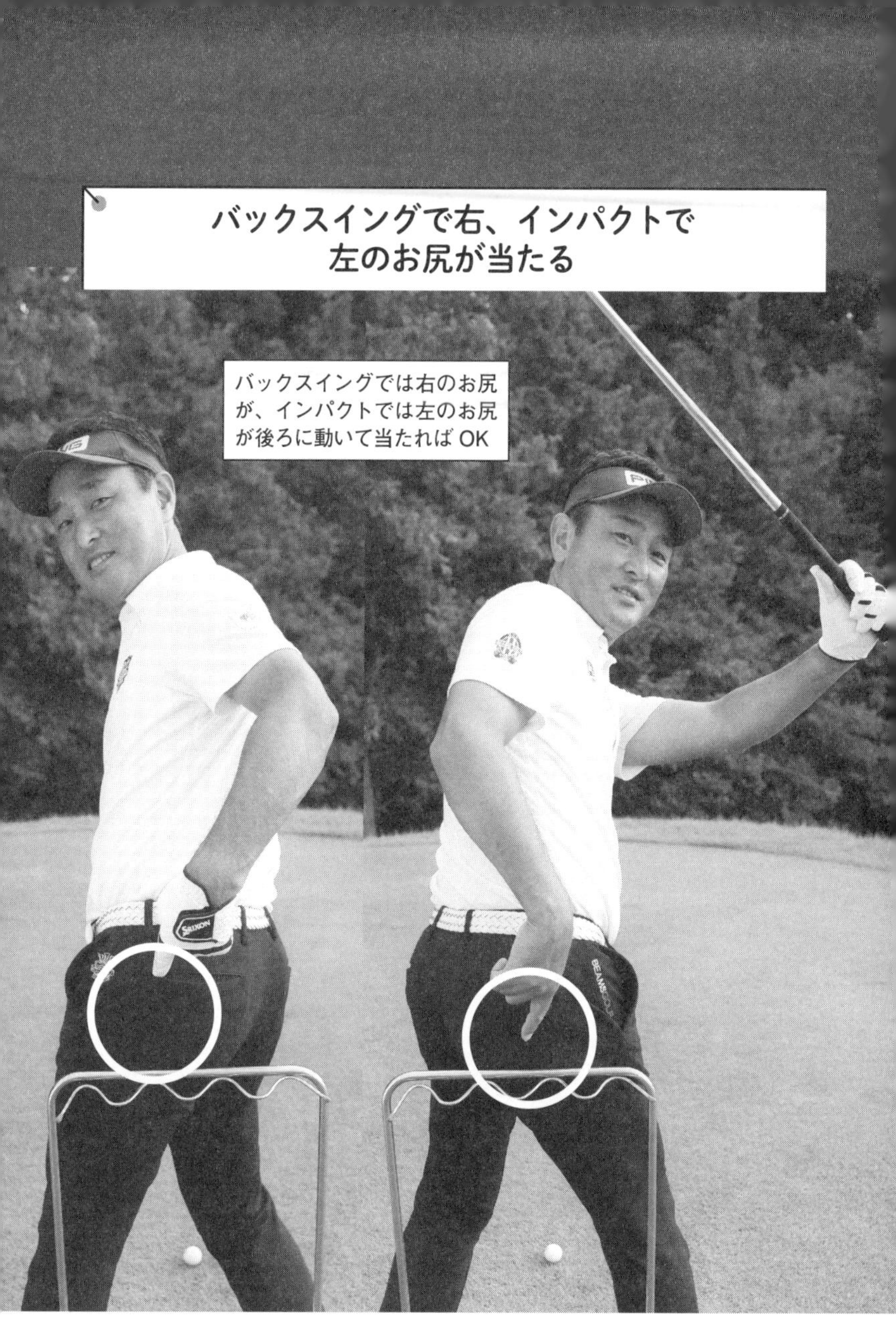
バックスイングでは右のお尻が、インパクトでは左のお尻が後ろに動いて当たれば OK

後ろステップドリル

右足を右へ踏み出しながらバックスイング

スッキリ動画解説！
後ろステップ

始動で右足を右にステップ

右足を右へ踏み出しながらテークバックからバックスイングへ

やや狭めのスタンスで構え、右足を右に踏み出しながら始動

踏み出したところに右足をキープしてボールを打つ

右ツマ先上げドリル

右ツマ先を上げてバックスイング

右足のツマ先を上げたままトップまでいく

アドレスで右ツマ先を上げたら、そのままテークバック。トップまでいく

スッキリ
動画解説！

右ツマ先
上げ

切り返し以降は上げたツマ先を下ろし地面を踏みながらボールを打つ

チェストターンドリル

胸にペットボトルをあてて
チェストターンを確認

胸にペットボトルの底の部分をつけて持つ

正面斜め下を指していたボトルの
先端はトップで完全に右を向く

アマチュアはボトルが上を向くパターンが多い

ダウンの早いタイミングで正面を向いてはダメ

ダウンスイング以降も下を向く

スッキリ動画解説！
チェストターン

ペットボトルの先端が斜め下を指したままインパクトポジションまでいけば OK

前ステップドリル

左足をステップしながら振り下ろす

スッキリ動画解説！
前
ステップ

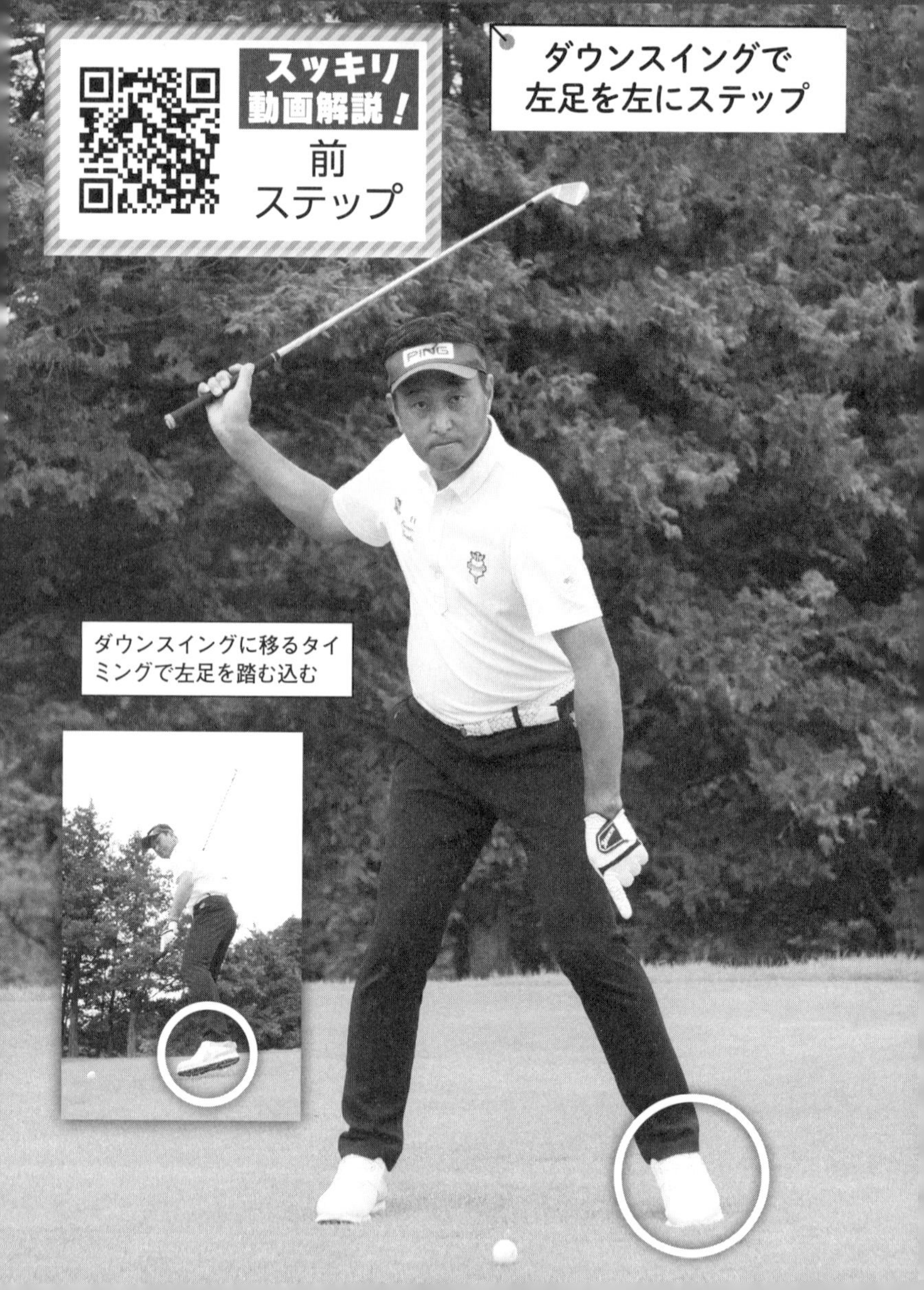

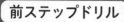

左カカトを上げながらバックスイング

トップから切り返しで左足を踏み込みながらインパクト

パンプドリル

腰と胸の反動を使って打つ

トップからハーフウェーダウンで腰を上下させる
スッキリ動画解説！
パンプ
腰と胸の反動で2～3回上下させたあと勢いをつけてボールを打つ
上下へ2～3回

左腰が高くなったらＮＧ

ダウンで腰は正面、腕は右を向く

トップまで行ったらハーフウェーダウンまでクラブを下ろし反動をつけて再度トップへ

ヒップターンドリル

腰に刺したスティックが正しいヒップターンに導く

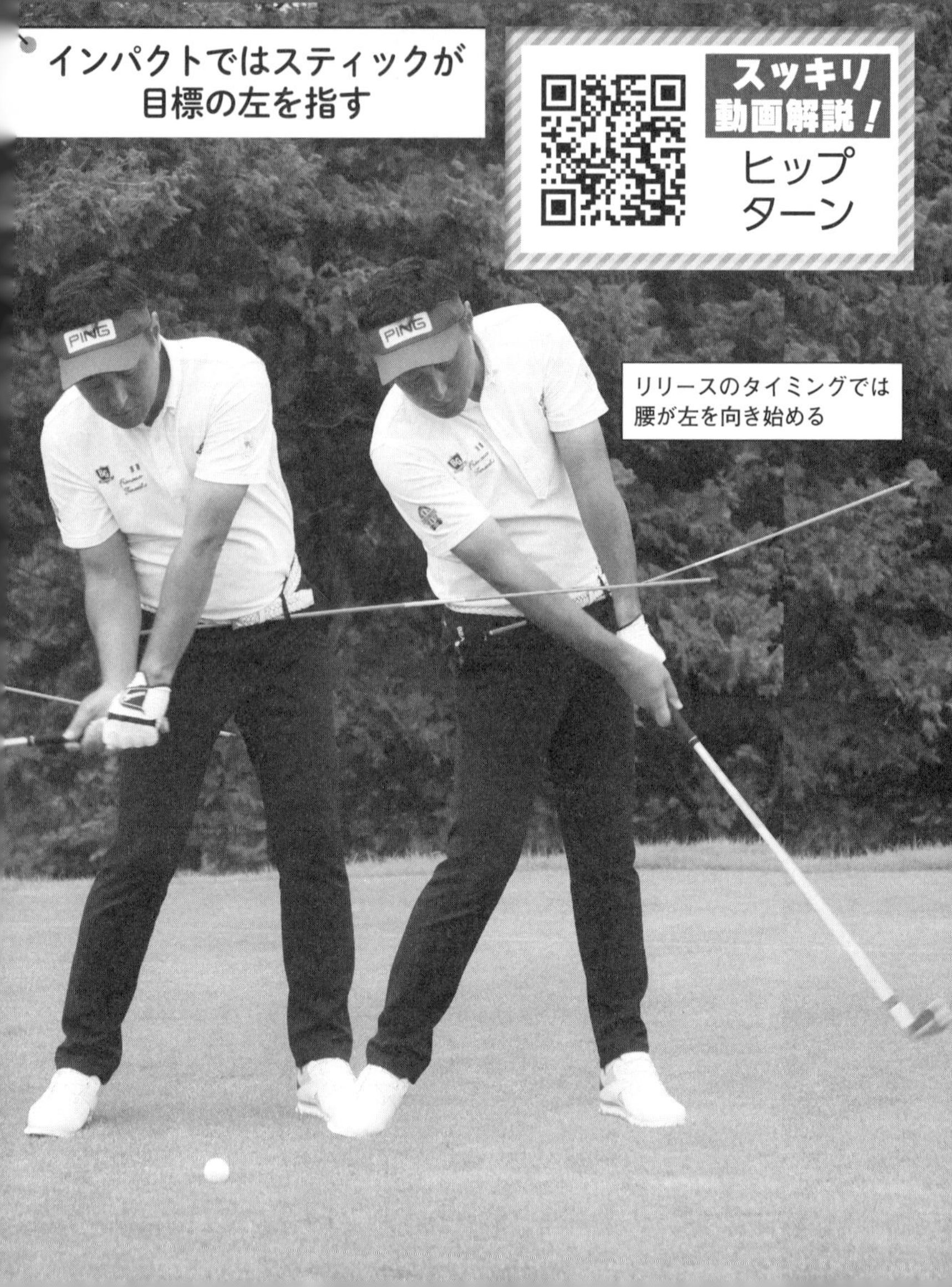
インパクトではスティックが
目標の左を指す
スッキリ
動画解説！
ヒップ
ターン
リリースのタイミングでは
腰が左を向き始める

ダウンスイングでスティックがヨコに突き出ないように動く

左腰から突き出るようにスティックや物差しなど棒状のものをベルトホールに挿す

ダウンスイングの前半では腰と肩の捻転差はキープされている

左ヒザリードドリル

足に挟んだものを落としながらダウンスイング

挟んだものが落ちればＯＫ

ダウンスイングの後半を迎えるタイミングで挟んでいたものが落ちる

ヒザの上あたりにボールやカゴなど軽いものを挟む

左腰が高くなってはいけない

スッキリ動画解説！

左ヒザリード

✖

体を捻り戻す形にならないと右ヒザが左に寄って挟んだものが落ちない

ジャンプドリル

左足をステップしながら振り下ろす

ダウンスイングの
前半では胸が下がる
スッキリ
動画解説！
ジャンプ
切り返しからダウンスイングでは胸の位置はやや下がっている
PING
PING

沈めた体をもとの位置に戻しながら打つ

インパクトからフォローで左に回りながらジャンプ！

体の捻れドリル

腰と肩に棒をあてがい体の捻れ方をチェック

ダウンスイングでは左腰が低くなる
腰と肩の捻転差をなるべくキープしてからリリース。ダウンでは左腰が低くなる
スッキリ動画解説！
体の捻れ

腰と胸が捻れていないと体が左右に倒れるだけになる

バックスイングで腰と胸を捻る

写真のように腰にスティック（物差しや棒）を挿し、それと平行になるように肩にスティックを当ててバックスイングし、腰と胸を捻る

体の役割

↓

軸を作って回転スピードをアップさせる

↓

ポイント

①胸と腰、２つの軸が稼働
②エリア３で胸の前傾角度は深く腰の角度は浅く
③エリア３で腰は目標、胸は右足方向に動く
④みぞおちがループを描く

↓

チェック

①トップではクラブが胸よりも背中側にある
②胸はいったん沈んでもとの高さに戻る

第6章

スイングの調和「腕と体のマッチング」

肩のラインと左腕の角度の変化で腕と体のマッチングをチェック

スイングは連鎖反応でできています。すでに述べたように、良いトップから良いダウンスイング前半を迎えられると、ダウンスイングの後半では高確率でうまく動けて正しくインパクトできます。

これに対し、バックスイングでクラブがクロスしたり、悪い形のオーバースイングになると、そのままでは正しく当たらないので、どこかで帳尻を合わせなければなりません。

ある意味人間はすごくて、わずか1・7秒の間にいろいろな調整を入れます。ですから、**どこから振り下ろしてくるかがとても重要。**悪いスタートからは悪い連鎖が起こるということなので、トップから切り返しのタイミングで運動連鎖がどうズレ、それに対してどういう反応が起きているかを、常に気にする必要があります。

また、たとえ良いスタートが切れても、連動しなければ意味がありません。たとえば「インパクトではハンドファースト」といわれます。それ自体は正しいかもしれませんが、その形だけを目指してはいけません。そうなりえないところから強引にハンドファーストを作ろうとすれば、アクセルとブレーキを一緒に踏むような事態を招き、手首やヒジを傷めることにもなりかねないからです。ハンドファーストは、体がリードして腕、クラブの順番に引っ張った結果できる形。スイングにおける「形」とは、全てそういう性格のものですから、パーツ、パーツで何かをやるのは大間違いです。

グリップエンドが腰の高さにきたあたりで角度が回復する

さて、前置きが長くなりましたが、ここから2つの章では、ここまでお話ししてきた「腕」と「体」がどのように調和すればいいかをお伝えし、さらにそれを実現する方法を紹介していきます。

お話しした通り、腕と体の調和は、私がずっと注視してきたテーマでしたが、つい最近までは「両ワキを締め、大胸筋が締まった感じをキープして振る」などとアバウトに伝えるしかありませんでした。

それがやっと『GEARS』のリードショルダーアクションアングルというデータで示せるようになりました。スイング中の肩のラインと左腕の角度の変化を見ることで、マッチングできているかどうかがわかります。

まずアドレスでは77度。バックスイングに入ると、少し腰が後ろに引けながら腕が上がっていくことで、手が右太モモにきたあたりでやや角度が広がります（157ページ写真①②）。

トップでは腕が体の背後側に動くとともに、角度が狭まって61度。ちょっと腕を上げるので狭くなります（156ページ写真③）。

切り返した直後は、角度がマックスに縮まりますが、ここから腰を回転させ、胸の動きを抑えて腕を振り戻すと、グリップエンドが腰の高さにきたあたりで77度に回復します（157ページ写真④）。

これは腕が振り遅れていないということを示しています。どのプロを見ても、グリップエンドが腰の高さのときにここで角度が回復している。逆にいうと、この角度がインパクトでアドレスの近似値に回復していないと、振り遅れていることになります。

そしてインパクトでは85度で打っています（写真⑤）。

このことからいえるのは、**腕は振らなければいけないこと。そして、肩と腕の角度が広がってハンドファーストになるということです。**角度が広がって手が先行することで、手首の角度がキープされるのです。

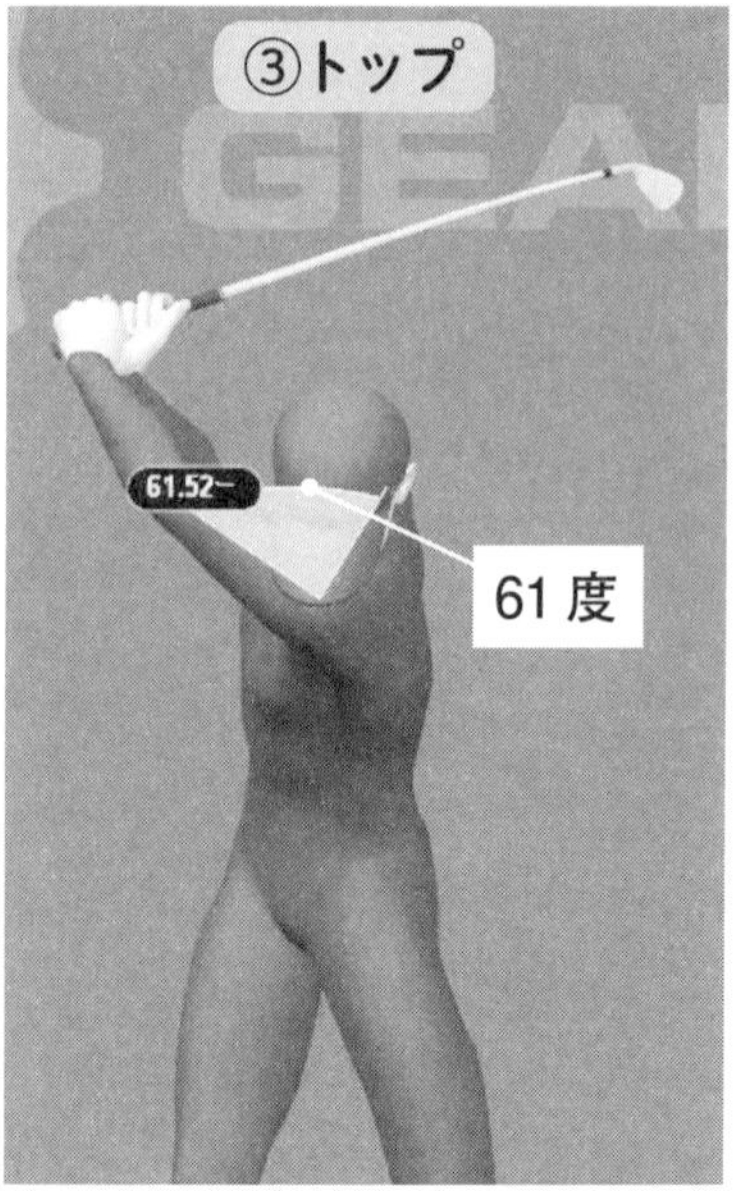

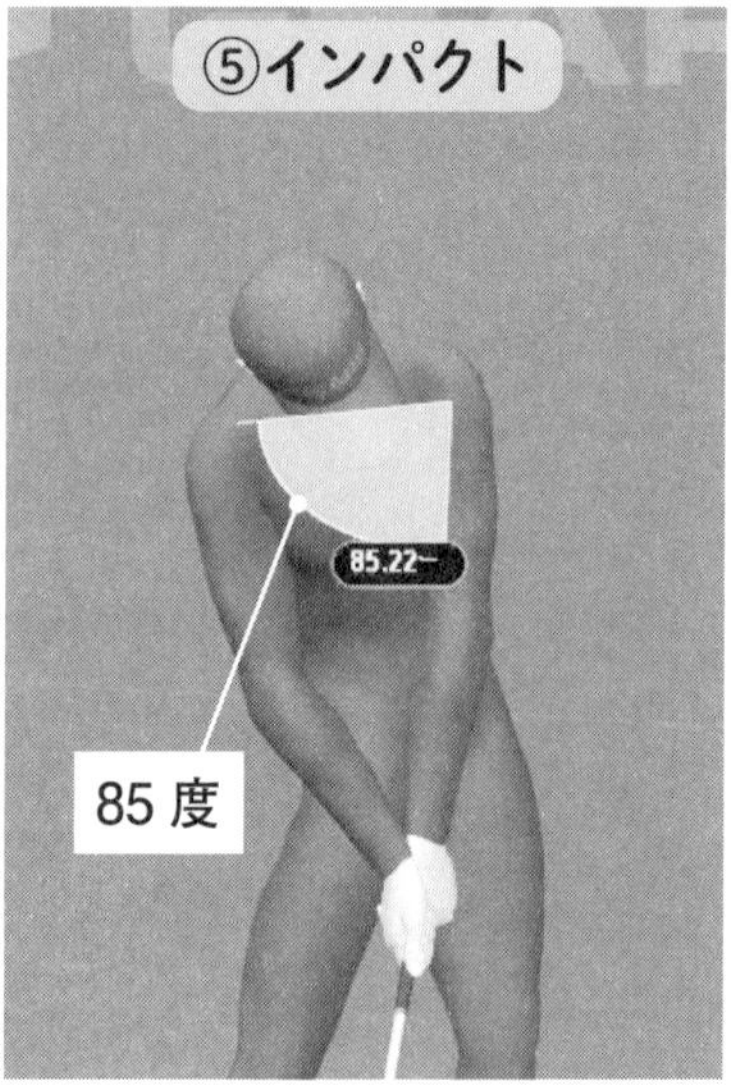

プロのリードショルダーアクションアングル

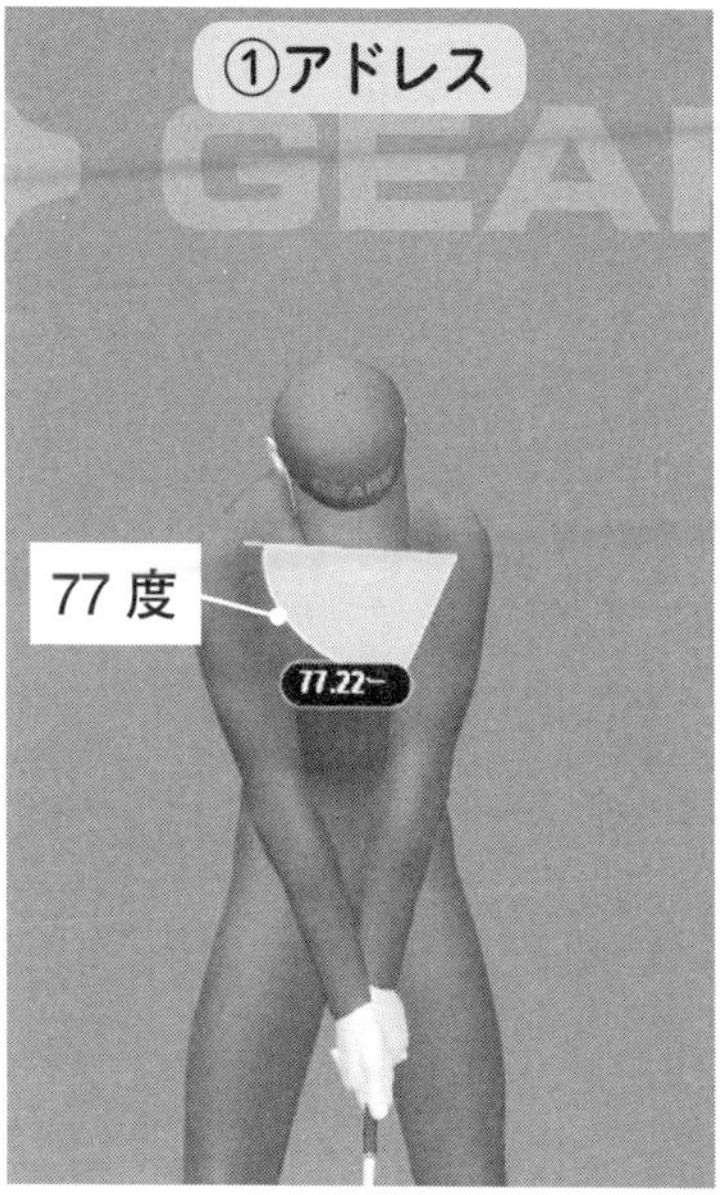

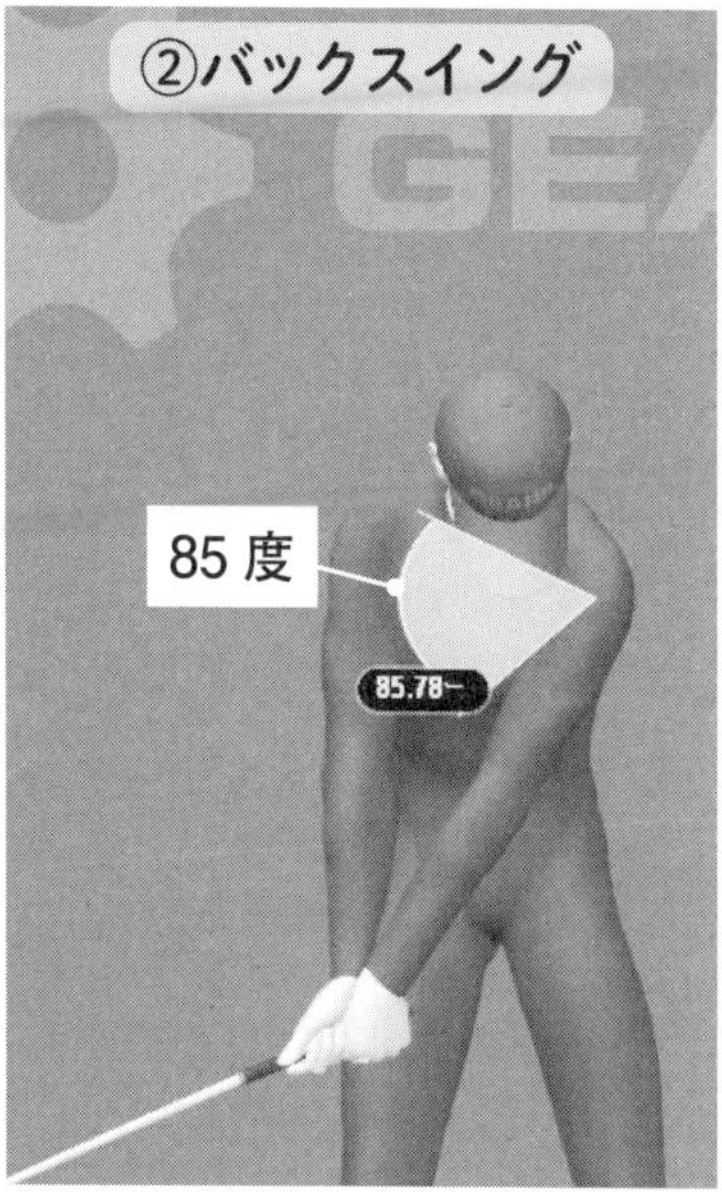

肩のラインと左腕の角度の変化

アドレス時の角度は、腕が体の背後に動くトップで小さくなるが、ダウンスイングで腰を回転させて腕を振り戻すと、グリップエンドが腰の高さにきたあたりでもとの角度に回復。インパクトではハンドファーストになるため肩と腕の角度が広がる

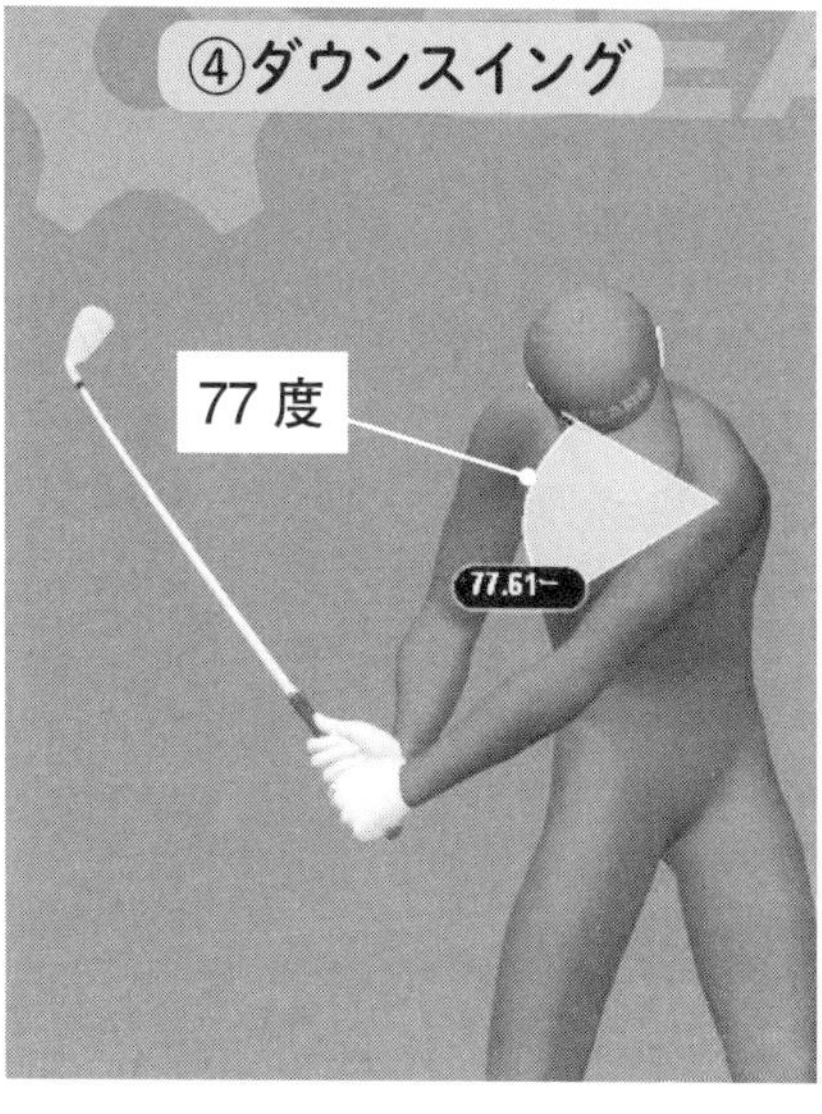

参考までにアマチュアゴルファーのスイングも見てみましょう。オーバースイングになり、腕が振り遅れるタイプのスイングです。

アドレス時の角度は81度。トップではクラブを担ぐように腕を使うため58度。角度がすごく狭くなっています（写真①②）。

ダウンスイングで手が腰の高さにきたあたりでは73度でここでも狭い。腕が少し振り遅れています。

注目すべきはシャフトと左腕の角度で、プロは手首の角度をキープしてグリップエンドをボールに向けるようにタメを作っていますが、アマチュアは手首の角度が解放されつつあります。腕の振り戻りが少ない分、手首でクラブを戻そうとしているのです（写真③）。

インパクトでは76度とアドレスに比べてマイナス5度。手首を解放してクラブをすくい

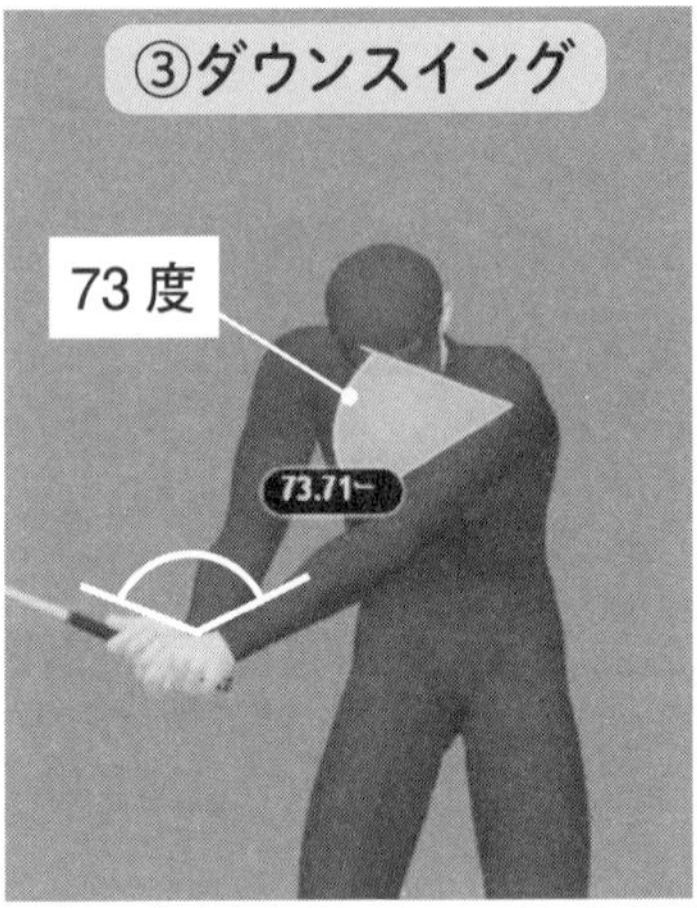

手が腰の高さにきたあたりでも角度が回復しないのは腕が振り遅れているから。タメができず手首が解放されつつある

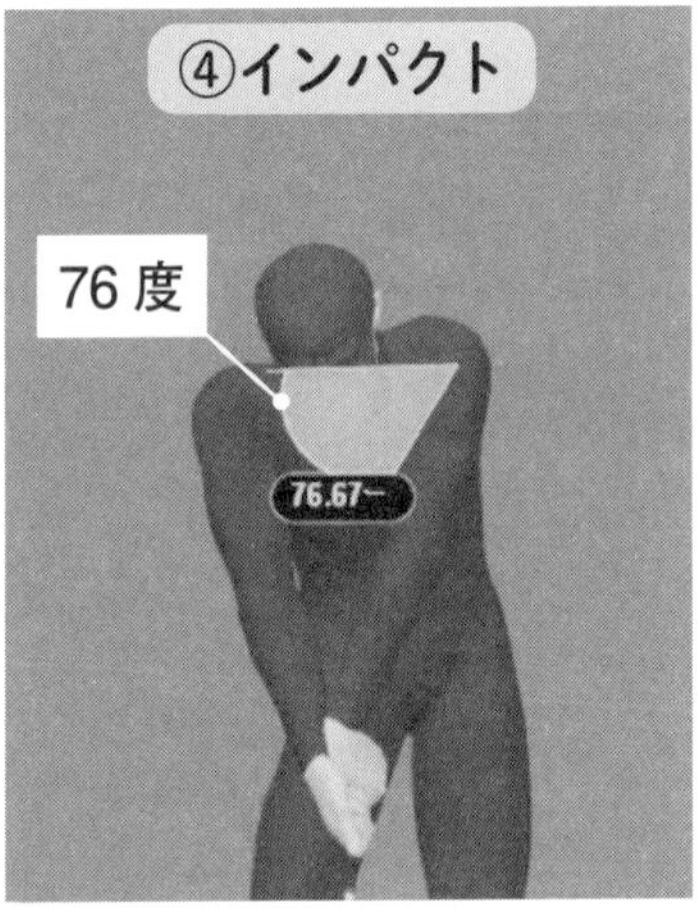

アドレス時に比べて5度マイナス。クラブをすくい上げるようなインパクトになってしまう

上げています（写真④）。

このように、肩と左腕の角度はインパクトに影響します。角度が広がるとハンドファーストでボールを押せる形になりますが、腕が振り戻らないとクラブを解放してすくい上げるインパクトになってしまうのです。

アマチュアゴルファーのほとんどは、ダウンスイングで手が腰の高さにきたあたりで角度が回復せずアーリーリリースになります。

ここで柔道の一本背負いのように腰を開き、胸を下げたあとに、右ヒジを伸ばしながら内側に捻ってくる動きができると角度が回復します。後方から見ると曲がった右ヒジが伸びてくる。アドレスでわずかに曲がっていた右ヒジが、トップ以降で徐々に伸びて数字が戻っていきます。

よくあるアマチュアのリードショルダーアクションアングル

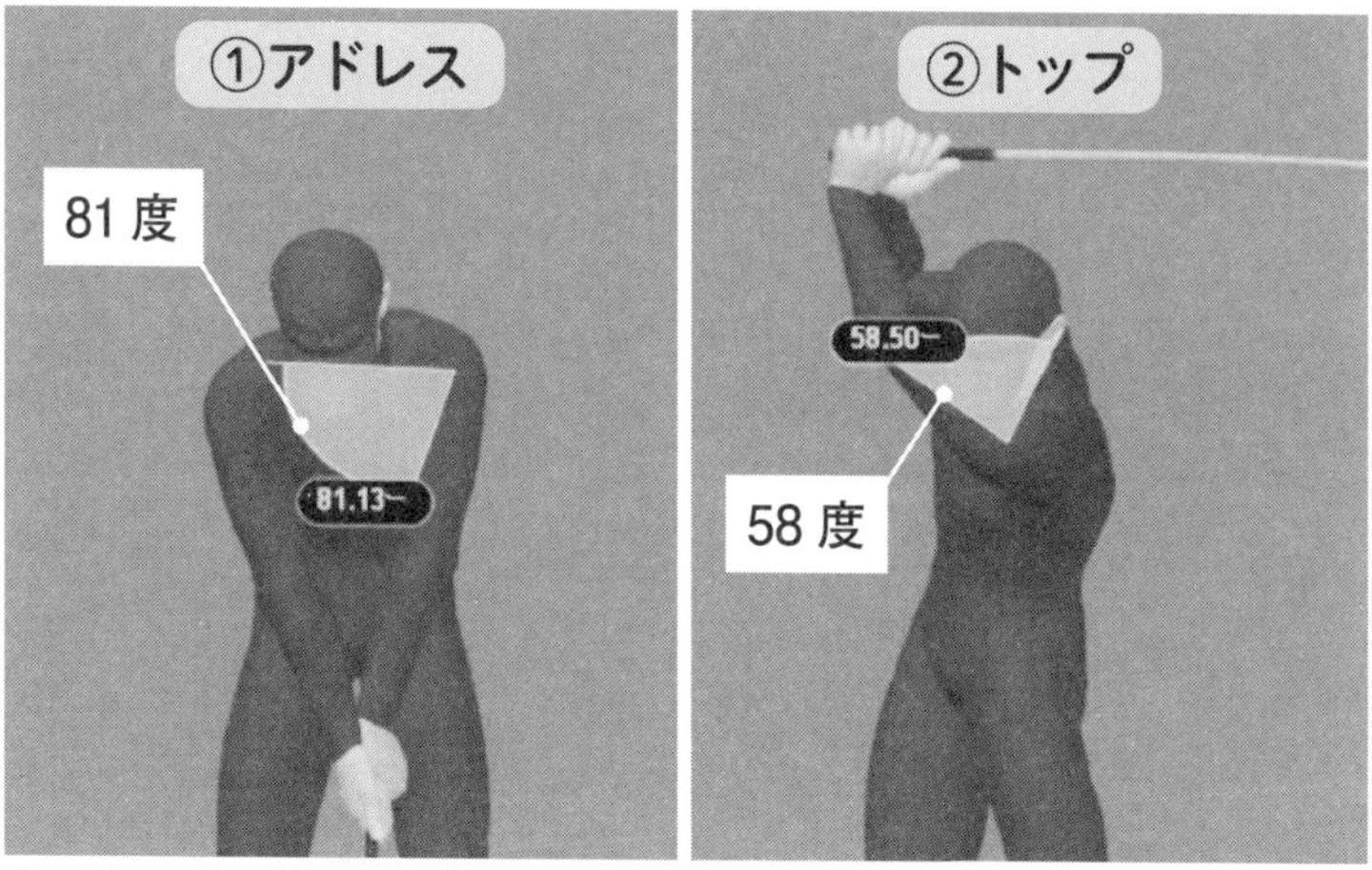

オーバースイングで、腕が振り遅れるアマチュアのスイング。腕を使ってクラブを担ぐように動かすため、トップで角度が急激に狭まる

体と腕とクラブの調和を物語るキネマティックシークエンス

スイングを理解するうえで認識しておくべき概念に「キネマティックシークエンス」があります。簡単にいうと、スイング中に体のパーツやクラブがどんな順番で動くか。

たとえばトップの位置からは、大まかに「腰→腕→クラブ」の順で動くのが正しいですが、多くのアマチュアゴルファーはこうなっていません。

本来はメインエンジンの体からブースターの腕、という順番に稼働させたいのですが、一緒にマックススピードを出してしまう。これがアウトサイド・イン軌道やスイングのバランスを崩す原因になっています。

キネマティックシークエンスを理解し実践できるとクラブに本来の加速度がつきます。それによって遠心力も生まれ、ヘッドを走らせることができるわけです。

では、それが本当かどうか、腰、腕、胸、クラブがスイング中にどのように加速しているのかを『GEARS』の「ツアーアベレージ」のデータで確認してみましょう。

ダウンスイングは腰がリードし続けるわけではない

バックスイングしたあと、トップの位置か

ら目標方向に踏み込んでいくときに、腰は最高速度になり、そのあと腕が加速してきます（163ページ写真①）。

手が腰の高さにきたあたりでは、腕のスピードがピークになります（162ページ写真②）。

さらにこのあと胸のスピードがピークになり、最後にクラブが加速してインパクトを迎えますが、ここで胸が後ろへ下がることで、クラブと体が引っ張り合っています（164ページ写真③④）。このように、加速度は「腰→腕→胸→クラブ」の順にピークを迎えます（164ページグラフ）。

このデータからみなさんに知っていただきたいポイントは2つあります。

ひとつは、スイングは腰がリードし続けるわけではないことです。腰がリードし続けるとクラブがリリースされません。腰は最初のうちは速く動きますが、そのあとは減速する。加速度が変化します。

2つめは、最近のプレーヤーほど「腰→腕→胸→クラブ」の順で動き、最終的にクラブをリリースしていること。以前は中心部から外に向かって加速度が変化するといわれてきましたが、最近のデータでは大半のプレーヤーは、腰と腕が加速したあと、最後に胸が遠心力をかけるように後ろに動きながらクラブをリリースしています。

加速度はこのように変化しています。ボールを打つ瞬間は加速するのではなく、少し減速する、体自体は少し止まるような動きがあってもいいくらいで、これが腕と体をマッチングさせ、効率よくボールを飛ばすポイントになっているのです。

キネマティックシークエンス

腰、腕、胸、クラブが順に加速

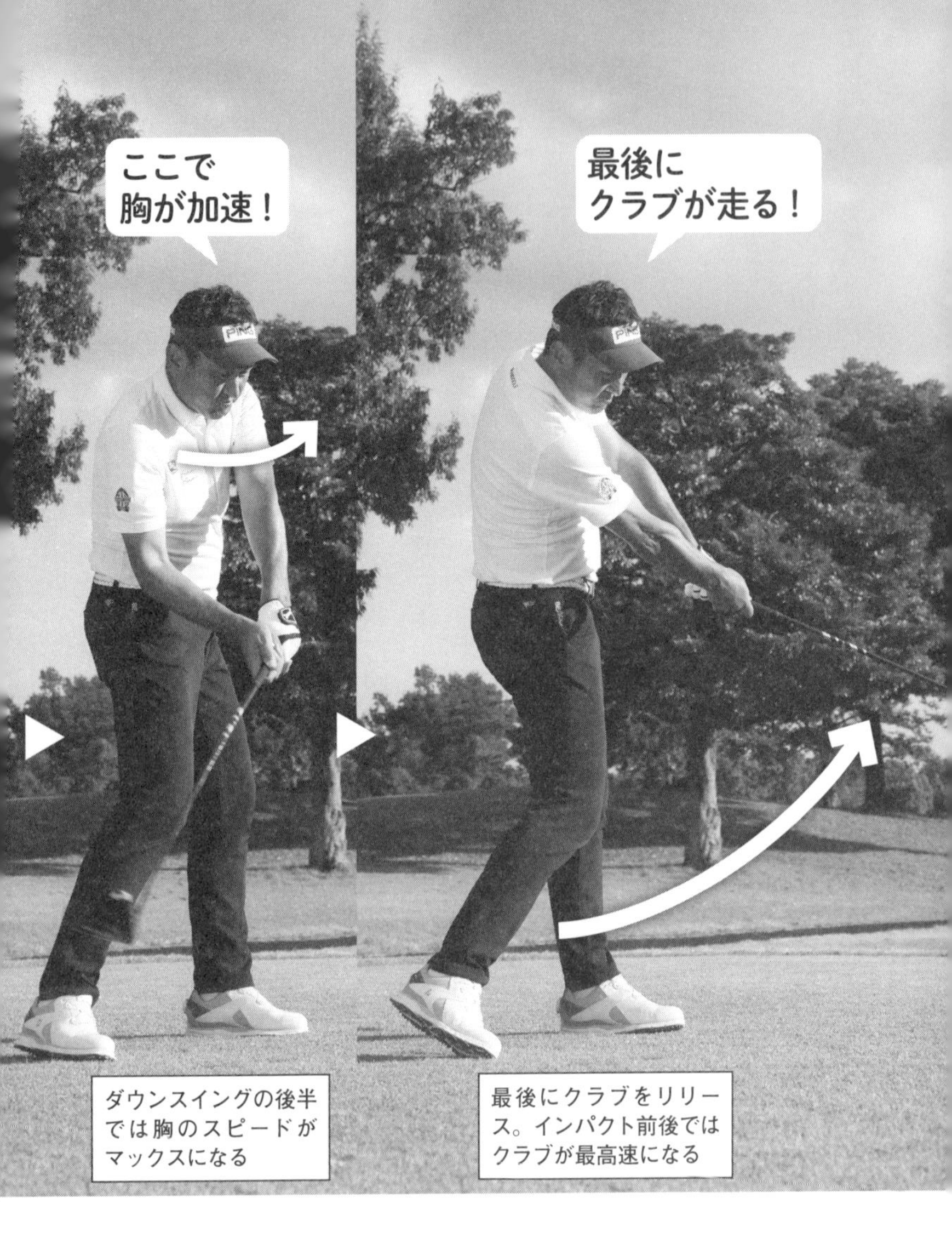
ここで
胸が加速！
最後に
クラブが走る！

ダウンスイングの後半では胸のスピードがマックスになる

最後にクラブをリリース。インパクト前後ではクラブが最高速になる

トップから目標方向に踏み込んでいくタイミングでは腰が最高速度に

手が腰の高さにきたあたりでは、腕のスピードがピークになる

ダウンスイング後半～インパクト

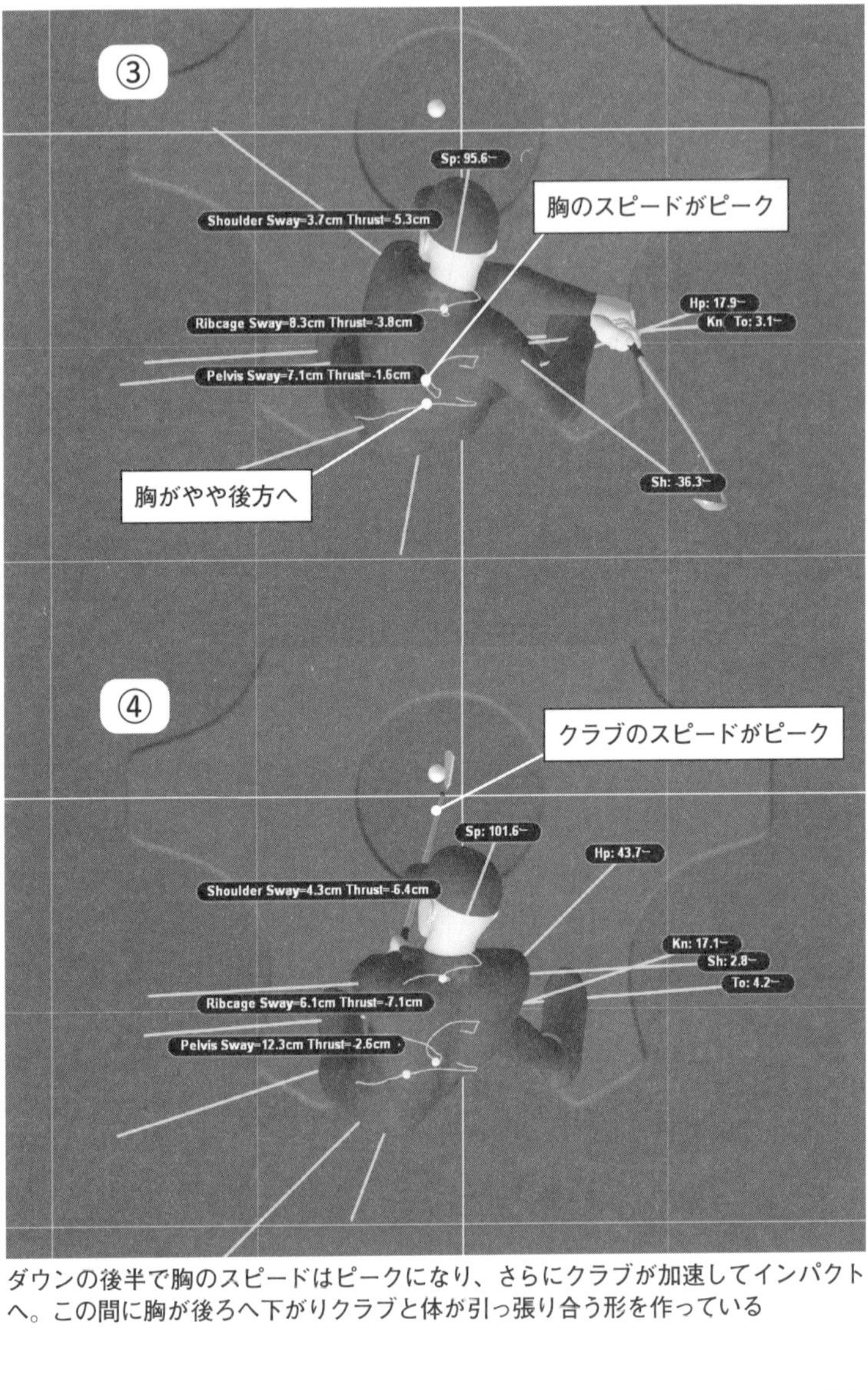

ダウンの後半で胸のスピードはピークになり、さらにクラブが加速してインパクトへ。この間に胸が後ろへ下がりクラブと体が引っ張り合う形を作っている

調和のとれたスイングを作る最終要因はリズムとテンポ

リズムとテンポが安定することでスイングはさらに安定します。 うまいゴルファーが淀みなくスイングできるのは、一定のリズムとテンポに乗せていいスタイルを作れているからです。

いい換えれば、いい動作を理解できても流れの中で行われないと実戦では使えないということ。スイングのパーツを整えることに執着するほどリズムとテンポは失われる一方。いつまで経っても、できたりできなかったりを繰り返すのはそのせいです。

スイングリズムについては、新たに作ってもいいですし、自分本来のリズムにスイングを合わせるのもいいでしょう。

アマチュアゴルファーはリズムが早くなる傾向があり、悪くなるほどそれが顕著になる。つまり、スイングがどんどん早くなります。せっかく練習していいスイングを身につけても、リズムが早くなるとラウンドでは全く実践できません。

それだけならまだしも、スイングが悪いと勘違いしてパーツに手を付けるようなことになったら、負のループにハマるばかりです。ラウンドでミスが出たら、まずはリズムが早くなっていないか疑い、自分のリズムで振るよう心がけてください。

ウエイトシフトでリズムを作る

ですが、そもそも自分に合ったリズム、テンポってなんなのか？　それを見つけるにはどうするか？　という疑問をもつ人もいるはず。さらに、スイングを変えたらリズム、テンポが変わって逆に当たりづらくなるのでは？　と考える人もいるでしょう。

そこで、ここでも『GEARS』の「ツアーアベレージ」のデータをもとにリズムとテンポについて探ってみます。

スイングにおける時間は、アドレスからフィニッシュまで平均して1・82秒かかっています。**リズムでいうと「1、2、3！」の3拍子の「3」で打つと表現されることが多いようです。**これを例にとると、ポイントになるのは「1から2」および「2から3」に切り換わるタイミングです。

まず「1、2」ですが、これは体重が右に乗っていくタイミングが「1」、左に乗っていくタイミングが「2」です。

アドレスからインパクトまでを3分割すると、0・6秒でハーフウェーバックに到達します。体重が右に乗ったところで、ここが「1」です（左写真上）。

このあと左に踏み込んでいく1・2秒の位置を見てみると、切り返し直後あたりで、ここが「2」（左写真中）。

そこから一気にリリースしてフィニッシュが「3」です（左写真下）。

よく「歩くように打つ」といわれますが、まさにそれで、右足を踏んだら次は左足を踏む、というように**左右への踏み込みでリズム**

体重が右に
乗るタイミング
1
切り返し直後
2
一気にリリース
3

を作っているといえます。特に左に踏み込んでいく「2から3」へのターニングポイントが重要になります。

私は、そこさえできればバックスイングは必ずしも「1」である必要はないと考えています。ただし、すでに述べたように体重移動を意識すると体がヨコに動きますから、結果として生まれる踏み込みでリズムを整えることをお忘れなく。

切り返しからいかにいいテンポで踏み込めるか

また、この本を読んでスイングが変わったらテンポが合わなくなった、ということもあるかもしれません。たとえば「1、2」のタイミングで切り返して「3」で振り下ろしたら、トップが浅くなってしまった、というようにです。

もしそうなったら、切り返しまでの間を「1、2、3」に広げてみることをおすすめします。もちろんこれに限ったことではありません。『GEARS』のデータから読み解いた通り、大事なのは踏み込んで打っていくタイミング。それさえうまくいけば、バックスイングのカウントはいくつでもよく、テンポもそれぞれで構わないからです。

とはいえ、この方法とて絶対ではありません。いまのテンポを生かすとしたら、踏み込むタイミングが大事ですが、リズムとテンポは本当に老若男女、千差万別。残念ながら私にも手が届かない範疇のことですので、早めたり遅くしたりして気持ちよく振れるタイミングを探ってみてください。

第7章

「手と腕」と「体」の調和マスター法

野球スイングドリル

腰の高さ、ヒザの高さの順に素振りをしてから打つ

ヘッドを腰の高さにして構え、野球のバットを振るように素振りをする

ヘッドがヒザの高さ

ヘッドを下げてヒザの高さにセットして素振り

ボールを打つ

1、2の素振りをした流れでボールにアドレスして打つ

スッキリ動画解説！
野球スイング

タオル挟みドリル

両ワキにタオルを挟んで スリークォータースイング

ワキを締め、胸を意識してスイング

腕と体がバランスよく動けばタオルは落ちない

スッキリ動画解説！

タオル挟み

上腕と大胸筋でタオルを挟む

上腕と体のヨコで挟むと腕が使えない

タオルが落ちないように動けば胸と腕が調和したテークバックになる

ステップドリル

ステップしながら「腰→胸→腰→胸」の順に動かす

バックスイングで右、ダウンで左にステップ

4
左足を左に踏み込む
5
左足を踏みながらクラブを下ろす
6
「腰→胸」の順に動く
PING
PING
PING

左足を踏み出しながら「腰→胸」の順に捻り戻す

スッキリ動画解説！

ステップ

左右対称のハーフスイングで行う

1
狭めのスタンスでアドレス
2
始動で右足を踏み出す
3
バックスイングはここまで
2
1
右足を踏み出しながら「腰→胸」の順に捻る

スプリットハンドドリル

両手の間隔を空けたグリップで打つ

積極的に前腕をローテーションさせる

3
ダウンスイング
PING
4
インパクト
PING
前腕のローテーションがないとフェースがターンしない

スッキリ動画解説！

スプリットハンド

体を捻り戻しながら両腕の前腕が左へローテーションする

左手を押し込むようにしてコックしヘッドを上に向ける

ポジションチェックドリル

ドライバーを短く持ち、腕と体の連動を確認

グリップエンドの向きでクラブ位置を正しくする

3
ハーフウェーダウン

4
インパクト
ハーフウェーダウンではグリップエンドがボール、インパクトでは左腰を指していればOK

スッキリ動画解説！

ポジションチェック

アドレスではグリップエンドがおヘソを指す

ドライバーを短く持つ

1 テークバック

2 トップ

テークバックではグリップエンドがお腹を指し、トップでは右斜め後方を指す

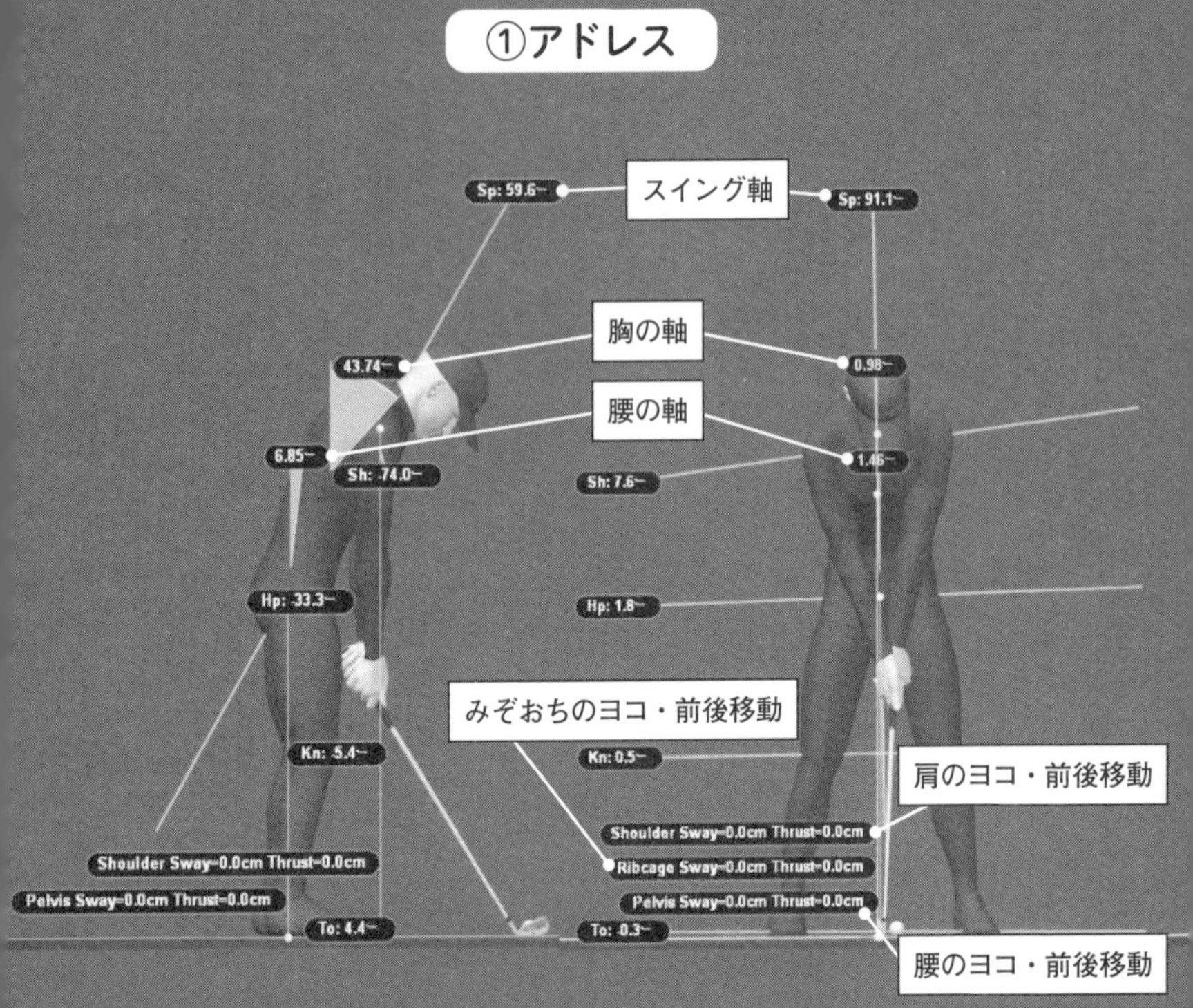

付録『GEARS』のデータでおさらい

「スイングの真実」を再チェック！

②バックスイングの始動

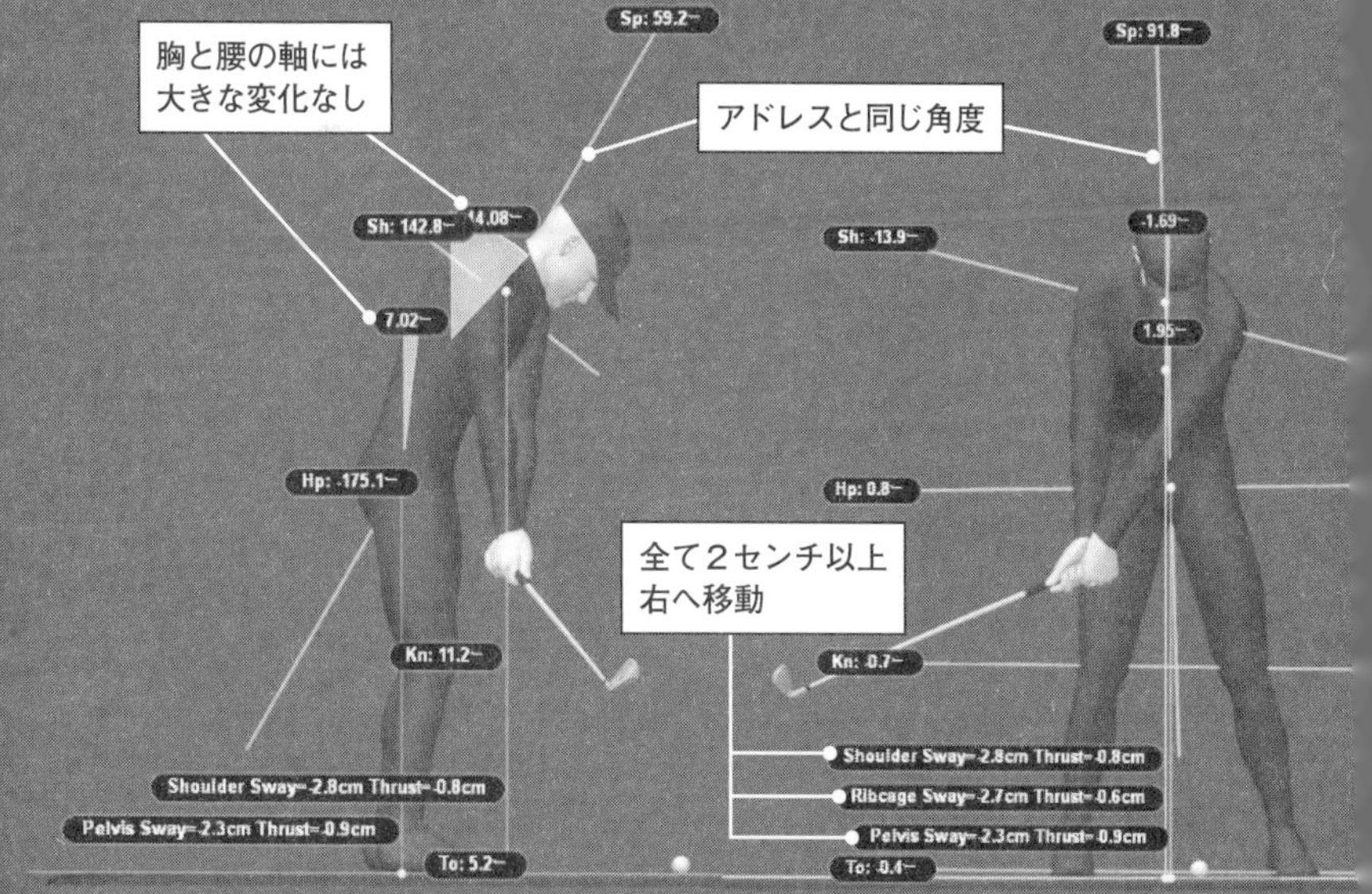

スイング軸の角度はアドレス時とほぼ同じ

バックスイングの始動では、右足方向へのわずかな体重移動で体の回転が始まる。写真のポジションでは、腰、胸、肩がアドレス時に対して約 2.5 センチ右足方向へ動いている。このとき、腰の回転量に比べて肩は２倍程度の回転量となっている。腰と胸はアドレス時の角度に対して回転をしているので、前後への傾き、左右への傾き、どちらも大きく変化していない。スイング軸を見ても､正面からは 91 度台、後方からは 59度台とアドレス時（右ページ写真）のままほとんど変化していないことがわかる

③トップ

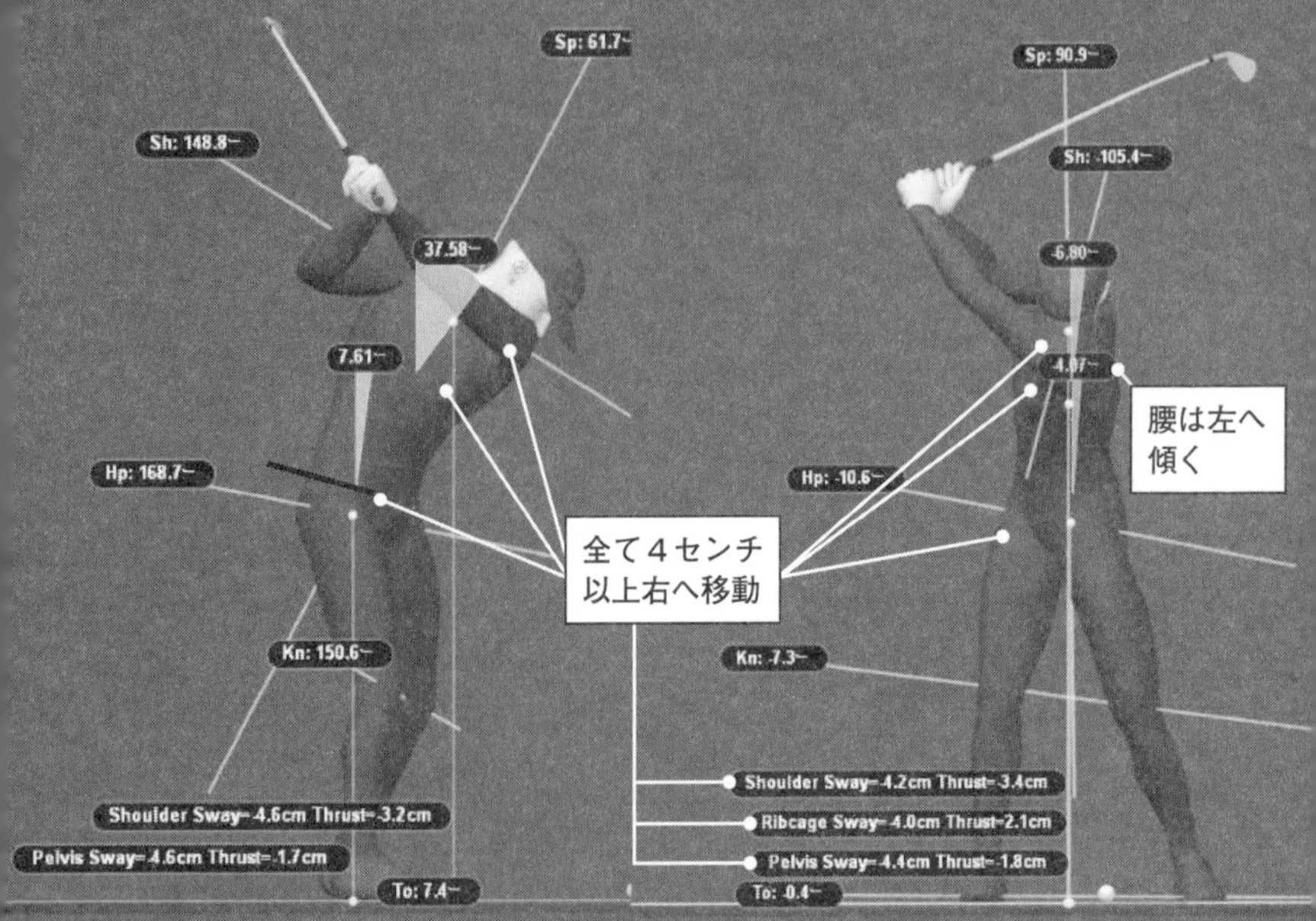

胸を張るように背屈させながら回転

トップではクラブを引き下ろすための準備として、体が大きく捻られている。腰の回転量が41.4度に対して、肩は99.3度（186ページ③トップ参照）と2倍以上の回転量だ。腰、胸、肩のヨコ移動量は、いずれも4センチ以上右足方向へ動いている。また、胸の傾きを見ると、正面からはー6.8度、後方からは37.58度と変化している。これは胸を張るようにして背屈させながら回転した結果だ。腰の傾きは、左足方向にー4.07度傾いているが、こちらは前傾を維持して回転した結果である

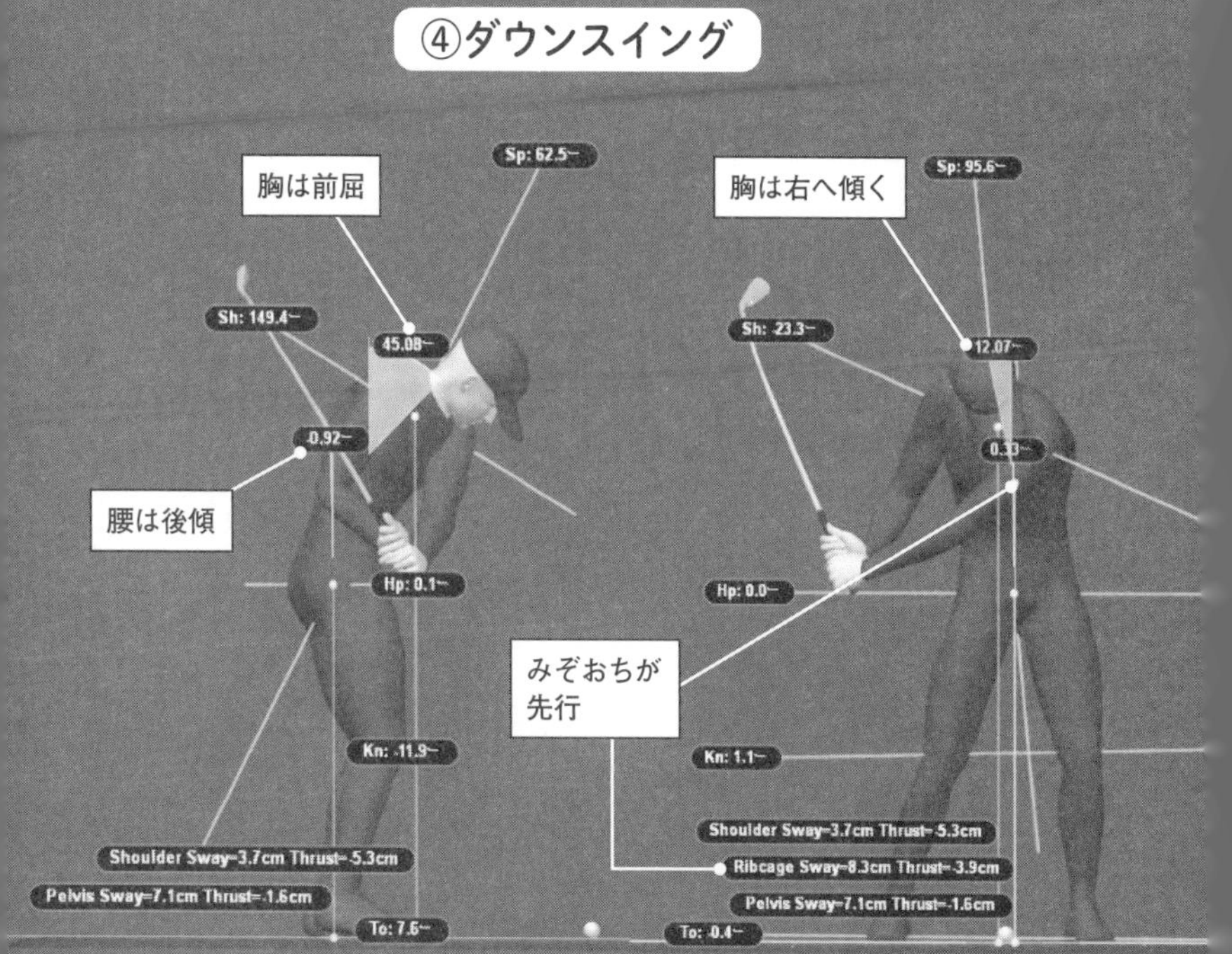

「みぞおち」が腰や肩よりも先行する

ダウンスイングでは、遠心力を使ってクラブを加速させる動きが始まる。切り返し直後に腰と胸はアドレスの位置に戻る。このとき腰の傾きは左足方向、胸は右足方向に傾き、体の捻れがピークを迎え、その後、腰は地面と平行に戻る。186ページ④ダウンスイングでは腰が17.9度開いているのに対し、肩はまだ36.3度と捻れを維持。また、ここでのヨコ移動量を見ると、みぞおちが－8.3センチと腰と肩よりも先行している。これは体を「くの字」に曲げたまま回転しているためだ

⑤インパクト

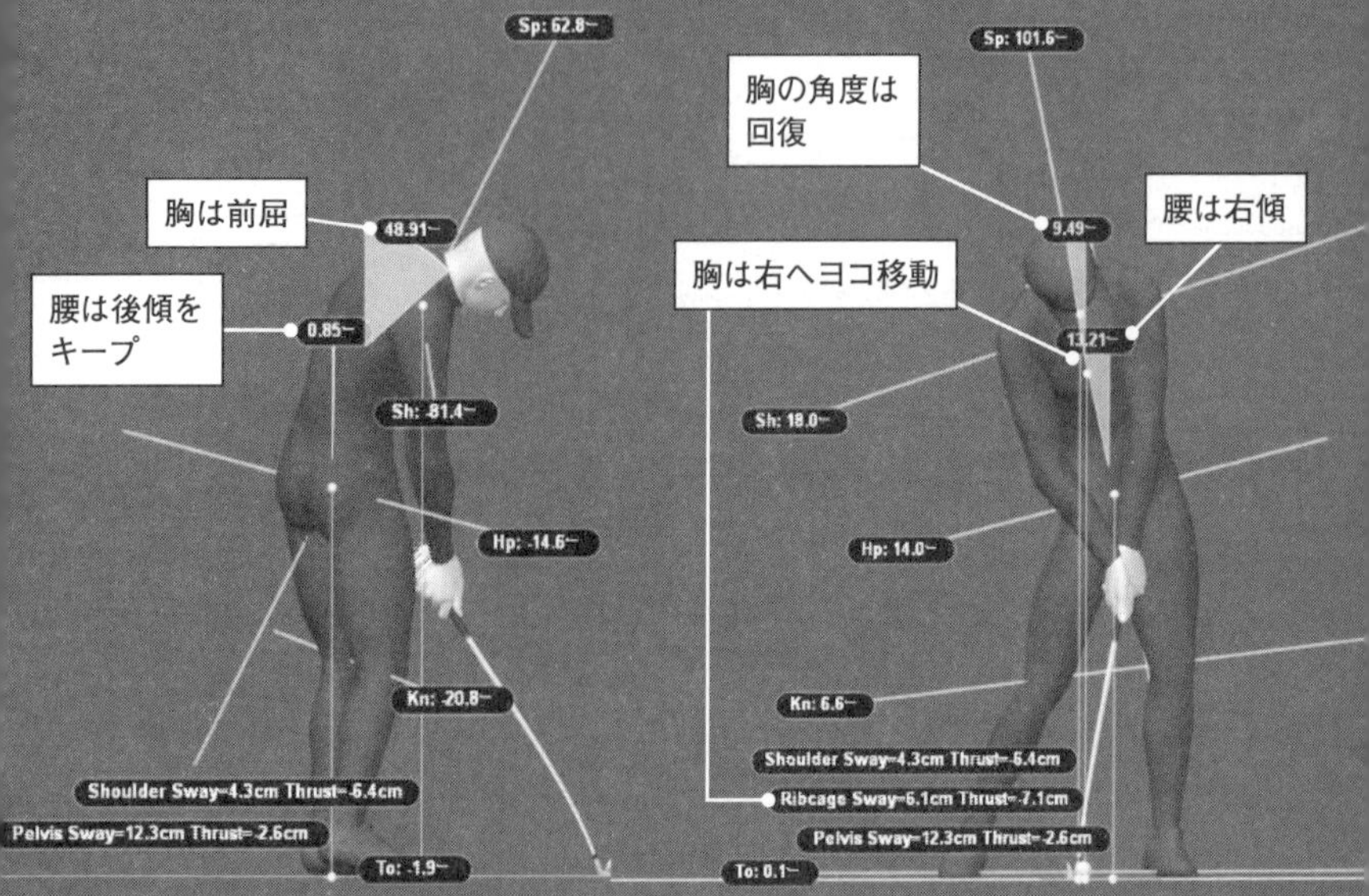

前屈を深めた上体の回転で遠心力を増幅

インパクトでは体の捻れを解放してスピードを出す。インパクトで腰の傾きは13.21度と右傾が強くなっているのに対して、胸は9.49度と傾きがゆるくなっている。これは体が捻れ戻っているため。ヨコへの移動量を見ると、胸は－6.1センチとエリア③よりも右足方向へ戻っている。後方から見た胸と腰の前傾角度は、胸が48.91度と深くなるのに対し腰は0.85度と浅くなっている。この前屈を深めた上体の回転が遠心力を作り出す

フィニッシュ

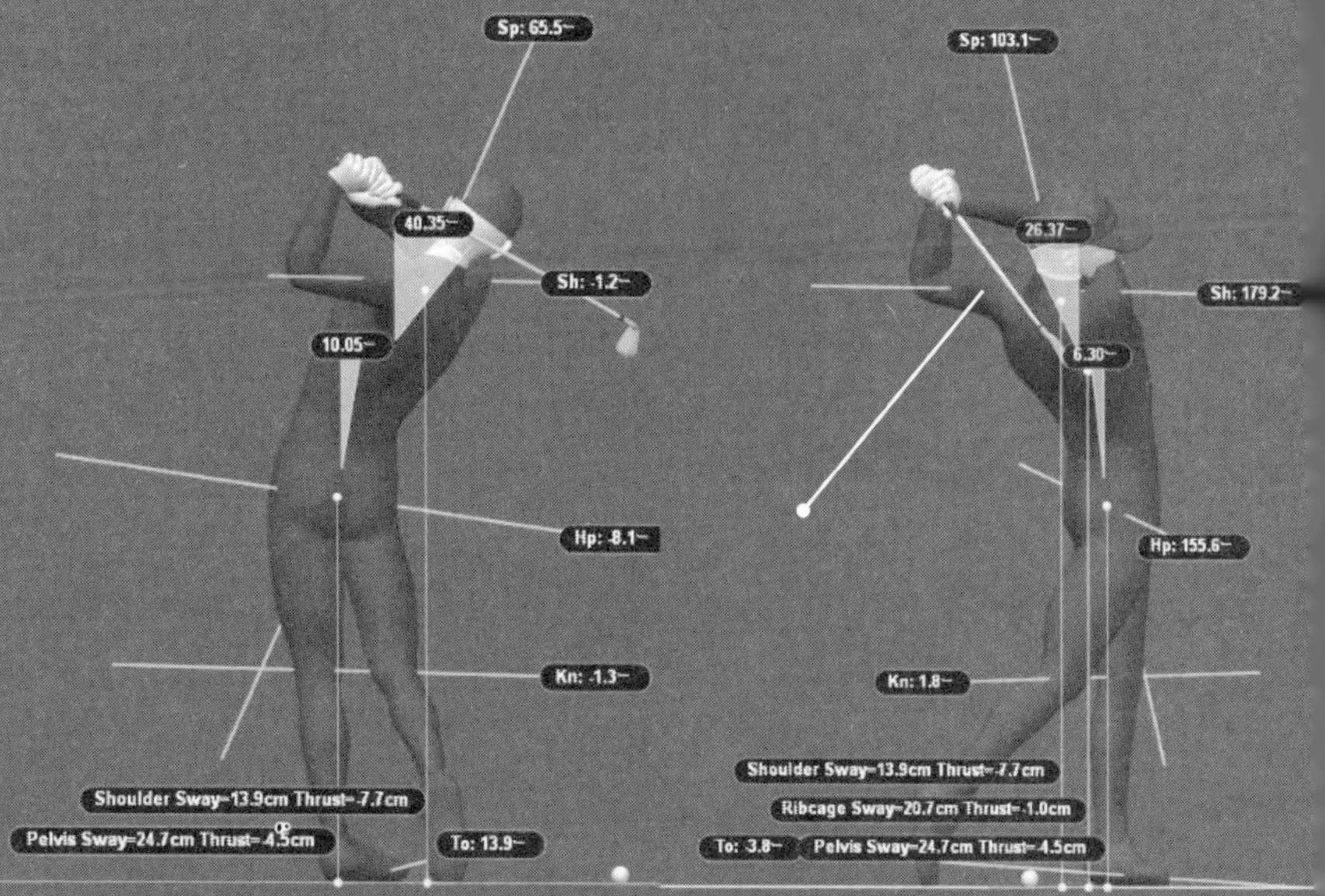

体が捻り戻りながらインパクトすればフィニッシュは自ずと決まる

上から見たスイングデータ

①アドレス

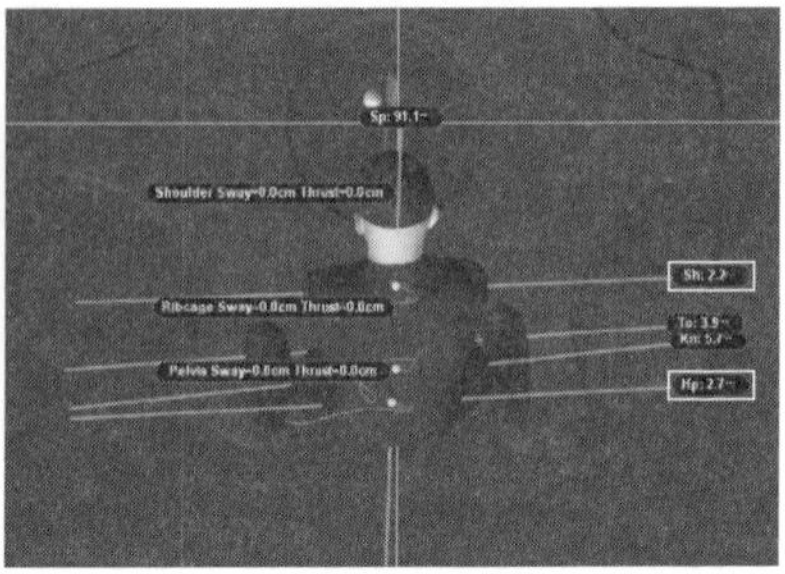

②バックスイングの始動

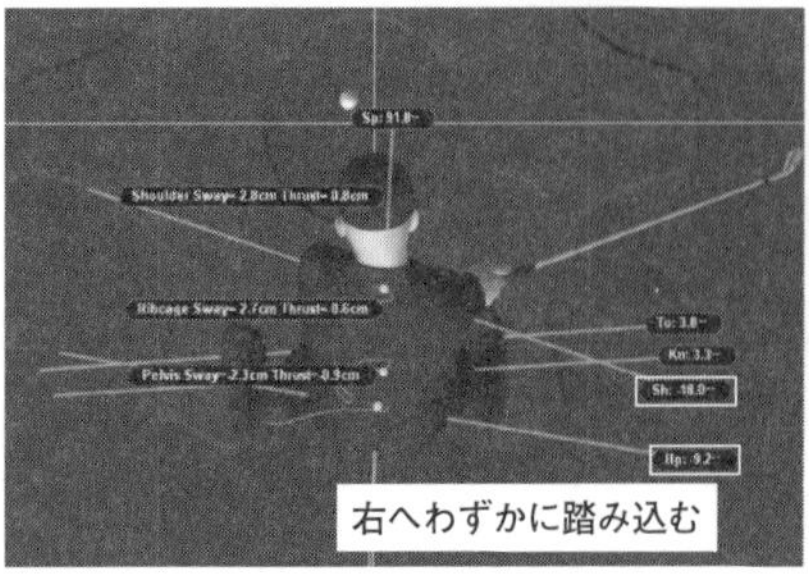

③トップ

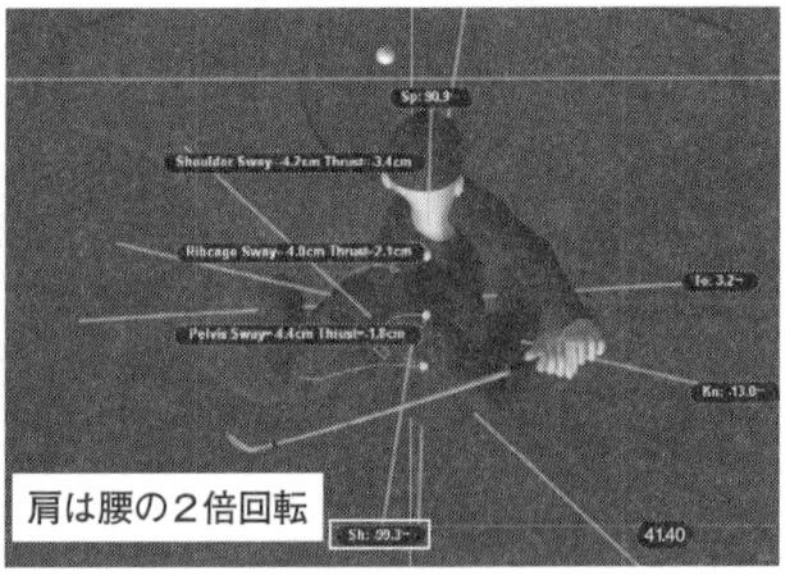

④ダウンスイング

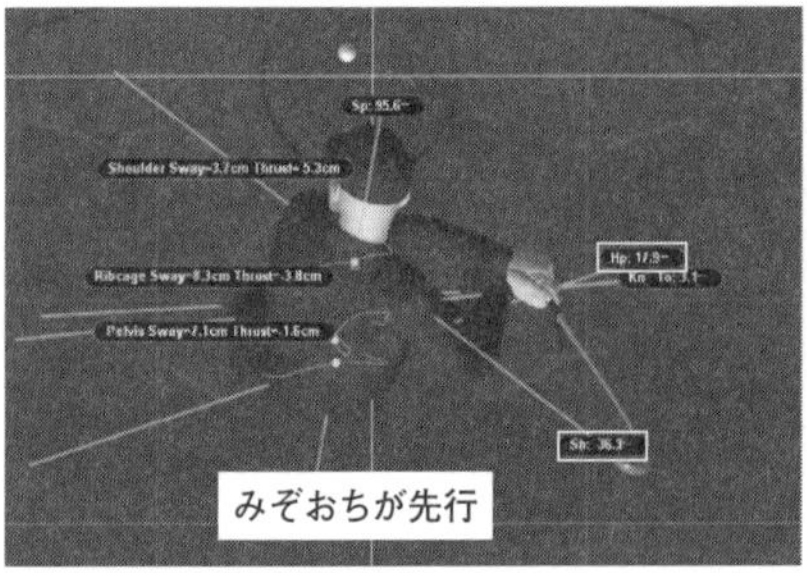

⑤インパクト

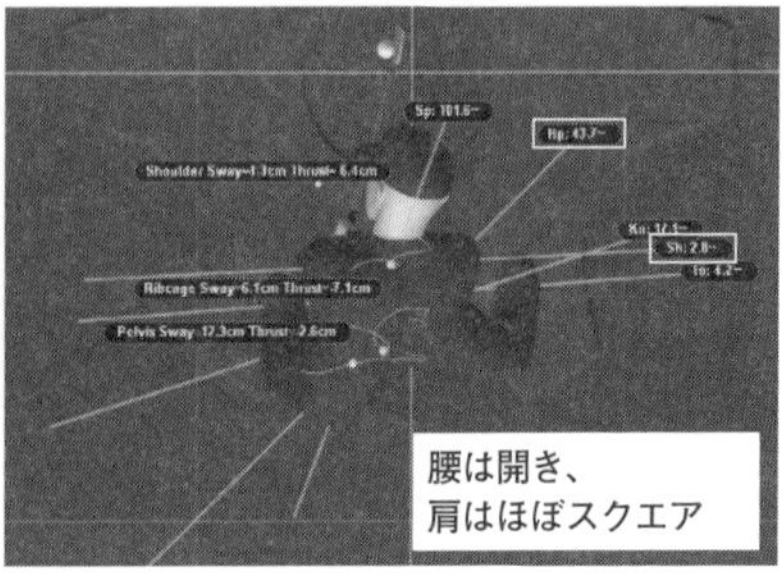

フィニッシュ

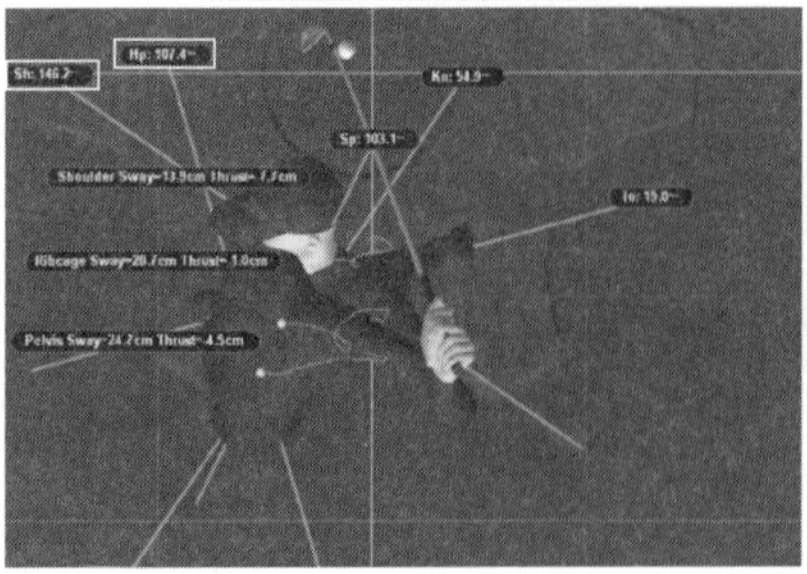

右前腕データ（deg）

		①	②	③	④	⑤
尺骨/橈骨	■	13.3	9.5	-15.0	-11.6	16.9
掌屈/背屈	■	-5.9	-16.5	-56.4	-60.2	-20.2
回外/回内	■	15.8	26.0	9.2	-4.0	-3.9

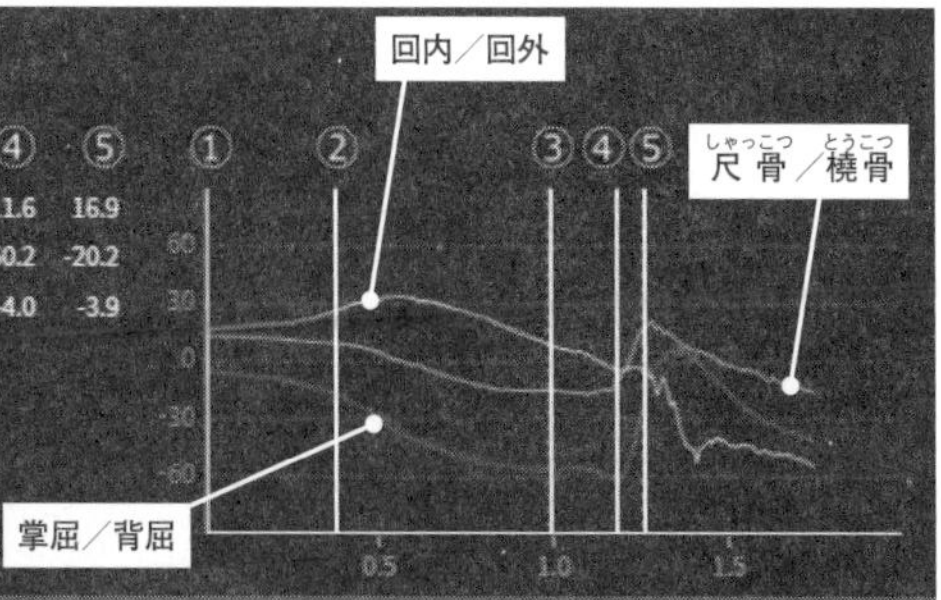

右前腕と右手首の動き

右前腕の捻れ（回外、回内）は、バックスイングでは回外が起こり、最大の捻れはバックスイングの中間点（②と③の間）で起こる。その後、回内し続けてインパクトでは－3.9 度とアドレスに対して 19.7 度（①と⑤の差）捻れを強めている。これはクラブを引っ張る動き、つまり手首の角度を維持している証拠。

右手首の角度（掌屈、背屈）は、バックスイングの始動（②）ではわずかな変化だが、その後急激に角度が強まりトップでは－ 56.4 度、ダウンスイングの中間点（④）では－ 60.2 度と最大の角度が作られる。その後、背屈は弱まるがインパクトでは－ 20.2 度と、アドレスに対して 14.3 度手首の角度を強めた状態

左前腕データ（deg）

		①	②	③	④	⑤
尺骨/橈骨	■	21.0	14.8	-21.4	-15.5	8.6
掌屈/背屈	■	-13.6	-7.6	-16.8	-19.7	-6.8
回外/回内	■	-1.7	-20.3	-53.4	-56.9	-15.6

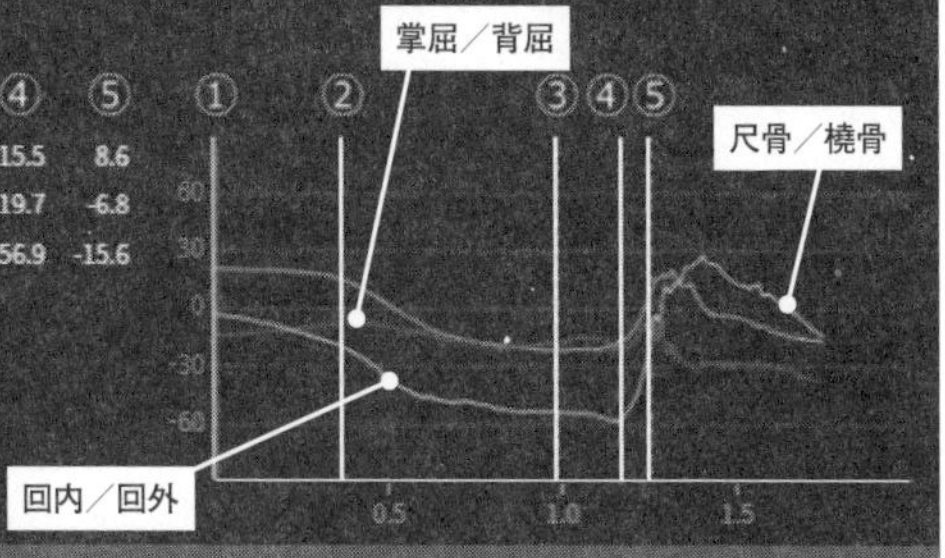

左前腕と左手首の動き

左前腕の捻れ（回外、回内）は、バックスイングでは回内してトップ（③）では－ 53.4 度、ダウンスイングの中間点では最大に捻れて－ 56.9 度。そこから回外が始まり、インパクト（⑤）では、－ 15.6 度と、アドレスに対して 13.9 度（①と⑤の差）の捻れを維持している。

左手首の角度（掌屈、背屈）は、バックスイングの始動（②）でわずかに角度がゆるくなるが、ダウンスイングの中間点までは大きく変化しない。その後、掌屈が弱まりインパクトでは－ 6.8 度。手首の角度はフラットに近づき、ボールを押せる状態を作っている

＊表内数字：①アドレス②バックスイングの始動③トップ④ダウンスイング⑤インパクト
＊掌屈／背屈、回外／回内は0を境に上が掌屈と回外、下が背屈と回内を示す

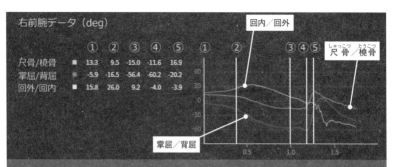

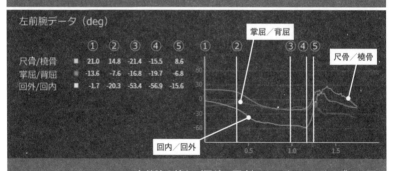

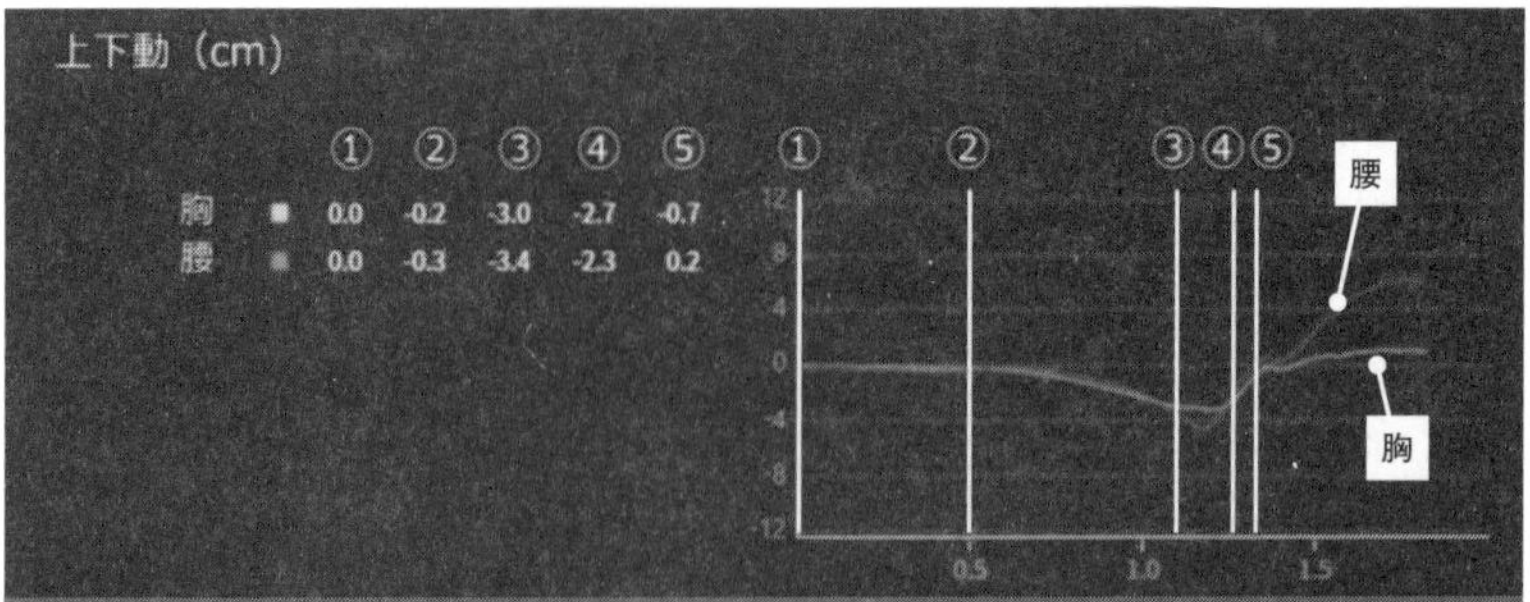

上下動

腰と胸のどちらも②から③で地面方向へ下がり、最大値を迎える。腰は後傾、胸は前傾を深めることで、この沈む動作が作られる。注目ポイントは、インパクト（⑤）ではアドレス（①）とほぼ同じ高さに回復している点だ

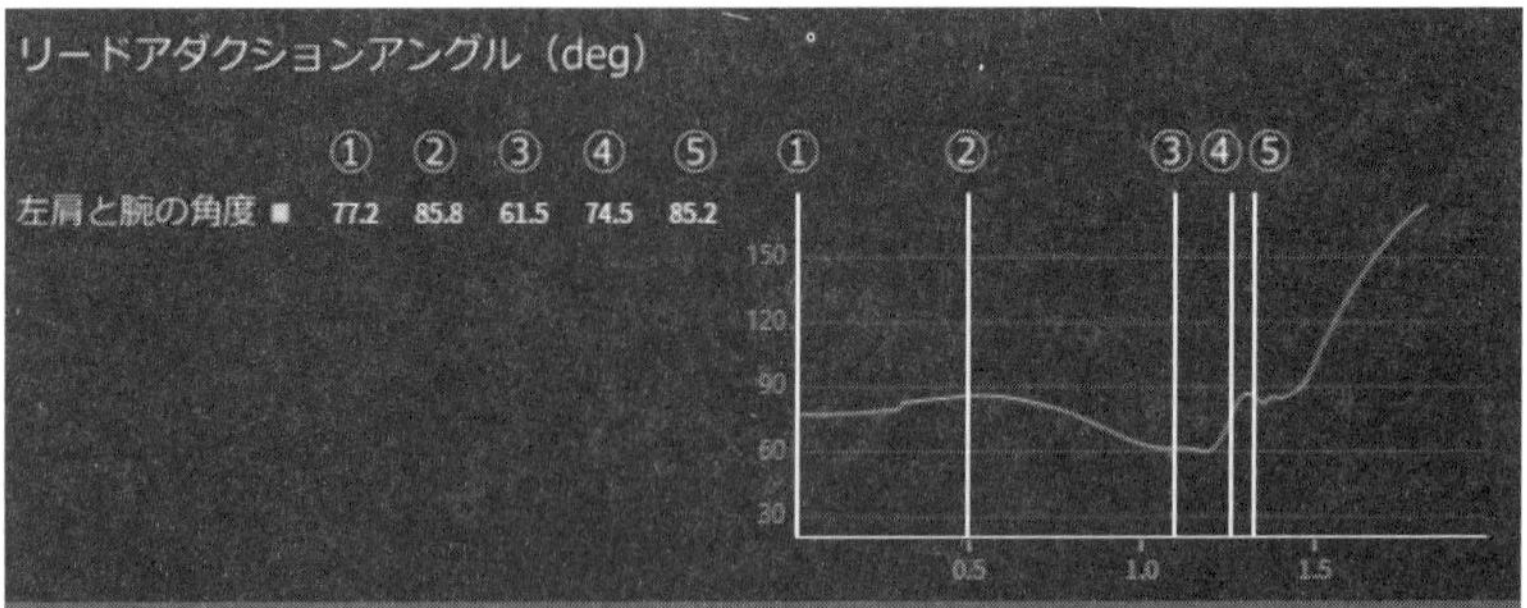

リードアクションアングル

スイング中の肩のラインと左腕でできる角度がリードアクションアングルで、体と腕の調和を確認できる。注目ポイントは、トップ（③）ではこの角度が狭くなるが、ダウンスイング後半（④）でほぼ回復すること。インパクト（⑤）では、アドレスよりも少し広がっている

＊表内数字：①アドレス②バックスイングの始動③トップ④ダウンスイング⑤インパクト

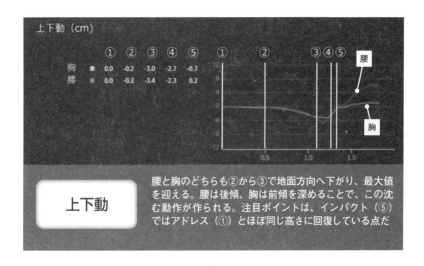

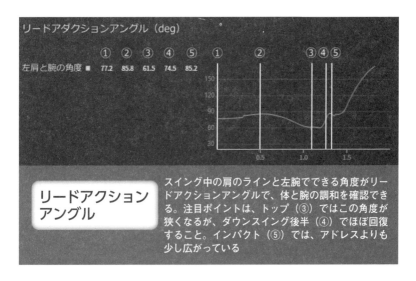

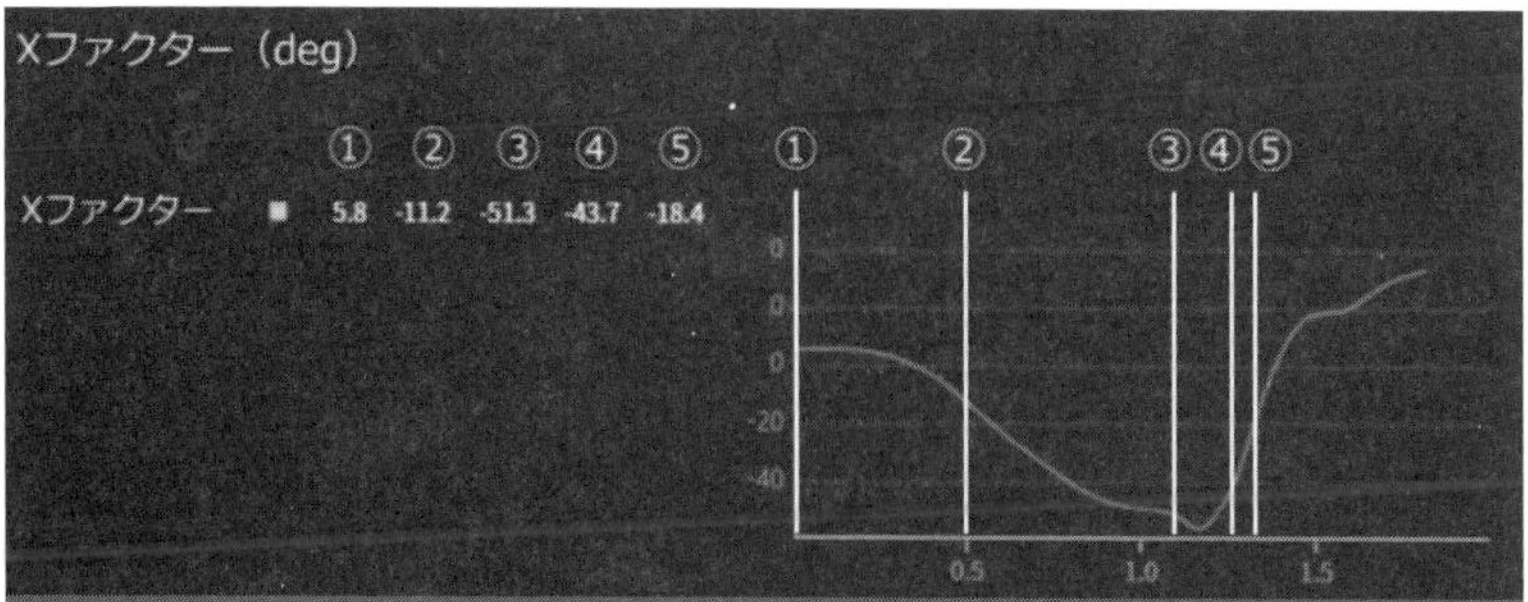

Xファクター

Xファクターとは、スイング中の腰と胸の捻れの差を数値化したもの。注目ポイントは、トップ（③）では−51.3度と大きな捻れ差が生まれているが、ここが最大ではないこと。トップの直後（ダウンスイングの前半）にピークを迎えている

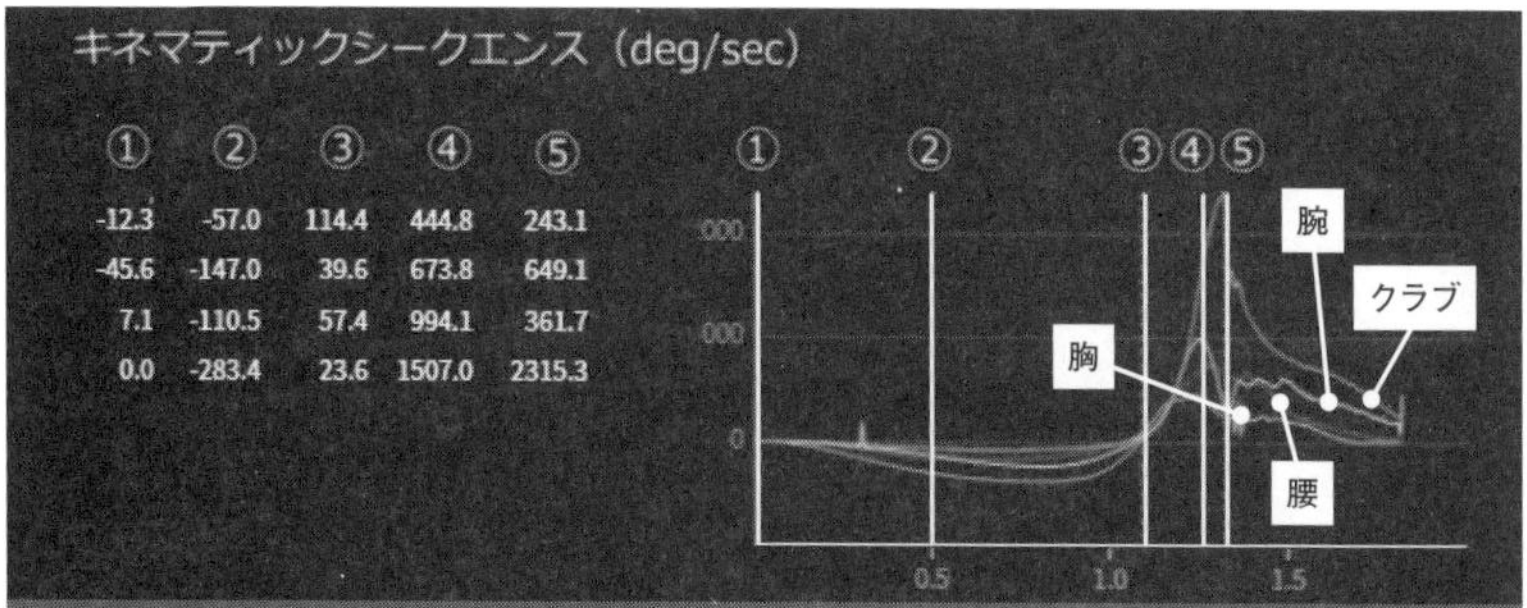

キネマティックシークエンス

正確にいうと腰、胸、腕、クラブの角速度の変化をグラフにしたものがキネマティックシークエンス。角速度のピークは腰、腕、胸、クラブの順で起こる。注目ポイントは、ダウンスイング後半（④）では腰のピークは過ぎており、インパクト（⑤）では腰も腕も減速している点だ

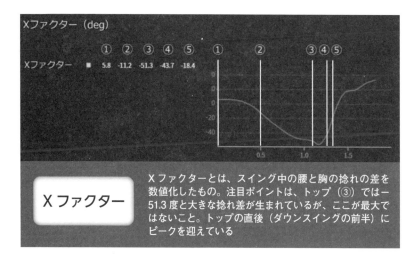

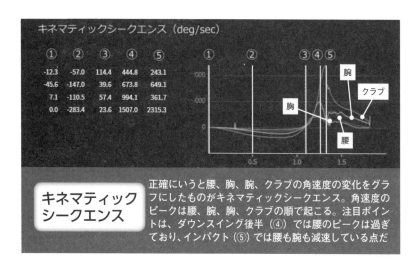

おわりに

いかがだったでしょうか？　スイングデータに接する機会が少ない方にとっては、血が通わないアバターの画像と数字による解説はとっつきにくかったかもしれませんが、少なくとも、いままで知らなかったこと、思ってもいなかった動きがスイング中に行われていることはおわかりいただけたと思います。さらに知識として蓄えたい方は私個人の動画もチェックしてみてください。

正直、私も『GEARS』の導入によって初めて知ったことが少なからずありました。また、言葉を弄《ろう》しても伝わらなかったことが、分析画像を介すると一目瞭然で伝わるなど、驚かされることもたくさんありました。

とはいえ、いくら紛れもない事実が白日のもとに晒されても、私たちのような一部の人間だけが知っていたのでは意味がありません。その意味では、本書で知ったスイングに関する事実を、みなさんからも拡散していただきたいと思っています。

もちろん「事実がわかったところでやり方がわからない」という意見もあれば、プロとアマチュアのスイングを比較することに疑問を感じる方もいるでしょう。でも、自分のスイングに反映できるかできないかはさておき、事実を知ることは不可欠です。

なぜなら、それが最適な基準になるから。ひとつの基準があって、ある程度その方向に寄っていけば、スイングは間違いなく整っていきます。事実を知って初めて、正しいスタートラインに立てるわけです。付け焼き刃のスイング矯正には基準がありません。なかなかスタートが切れず、次から次へと引きも切らずに悩むことになるのです。

また、上達するにはデータをとることが大切という指導者も多いですが、データをとっても基準を把握していなければ前には進めません。「スイングは絶対こうじゃなきゃいけない」というつもりは毛頭ありませんが、個々の特徴を生かすのにも、なんらかの基準がないと難しくなると思います。絶対ではないけれど、スタンダードなスイングがあることは間違いないのです。

とにもかくにも、私がスイングに対してどう思っているかは、この際どうでも構いません。「事実はこうだ」ということが伝わり、みなさんのストレスを緩和することができれば本書の目的は達成できたと考えています。

本書で提示したことが当たり前のこととしてゴルファーに受け入れられる日が来ないといけない。それがアマチュアゴルファーのストレス解消につながるだけでなく、ゴルフ界全体のためになると確信しています。ここまでお読みいただき、本当にありがとうございました。

最後になりましたが、本書の出版に当たり、河出書房新社の稲村光信さん、構成者の岸和也さん、菊池企画の菊池真さんには多大なご協力をいただきました。ありがとうございました。

堀尾研仁

堀尾研仁（ほりお　けんじ）

◆プロフィール

1997年よりデビッド・レッドベターに師事し、ゴルフティーチングの世界に入る。2002年よりツアープロの帯同コーチとして活動を開始。2003年KBCオーガスタでの田島創志プロ、2005年アイフルカップでの高橋竜彦プロの初優勝に貢献。2005年は谷口徹プロの帯同コーチとして、マスターズ以外の3つのメジャートーナメントに同行。2016年はコーチをしている塚田陽亮プロが日本ゴルフツアー選手権に優勝。現在まで国内男子、女子の多くのツアープロの契約コーチを経験している。

著書、DVDに『ゴルフがたちまち上手くなる本 最新スイング理論をわかりやすくレッスン』（PHP研究所）、『GOLF スピード上達テキスト 堀尾研仁 軸と同調が分かれば劇的上達 実戦お役立ち編』（エンターブレイン）、『堀尾研仁の「ボディリリースで飛ばせ」―飛距離20ヤードアップ』（学研プラス）、『堀尾研仁ゴルフ上達DVD 1-3 D・レッドベター直伝ゴルフスイングの王道』（エンターブレイン）など多数ある。

＊ＱＲコードは㈱デンソーウェーブの登録商標です。

ゴルフ 脱《だつ》・感覚《かんかく》!! スイングの真実《しんじつ》
ＱＲ動画付きで、正解とのズレがわかる

二〇二一年一二月二〇日　初版印刷
二〇二一年一二月三〇日　初版発行

著　者……堀尾研仁
発行者……小野寺優
発行所……株式会社河出書房新社
〒一五一－〇〇五一　東京都渋谷区千駄ヶ谷二－三二－二
電話〇三－三四〇四－一二〇一（営業）〇三－三四〇四－八六一一（編集）
https://www.kawade.co.jp/

構成……岸 和也
撮影……圓岡紀夫
協力……浜野ゴルフクラブ（千葉県市原市）
ブックデザイン・組版……原沢もも
編集……菊池企画
企画プロデュース……菊池 真

印刷・製本……三松堂株式会社

Printed in Japan　ISBN978-4-309-28946-5